Venda Ferramentas de IA como Afiliado ou Revendedor

Ganhe Comissões Recorrentes Promovendo Software de IA para Clientes em Todo o Mundo

Por Joe Correa

Publicado por **Live Stronger Faster**

Primeira Edição

Sumário

Introdução

Bem-vindo a um Novo Tipo de Oportunidade Digital

No mundo dos negócios online, uma oportunidade está crescendo de forma explosiva: vender ferramentas de IA como afiliado ou revendedor. Por quê? Porque a inteligência artificial não é mais algo futurista — ela já chegou, tornou-se comum e é altamente lucrativa. Empresas em todo o mundo estão investindo bilhões em IA, e praticamente todos — indivíduos, startups e grandes corporações — precisam de soluções de IA para automação, criação de conteúdo, atendimento ao cliente, marketing e muito mais.

Mas, em vez de criar suas próprias ferramentas, o que exige tempo, capital e conhecimento técnico, existe um caminho mais inteligente: fazer parceria com empresas de IA como afiliado ou revendedor e ganhar comissões recorrentes — muitas vezes por toda a vida — sobre cada cliente que você indicar.

Por que o Marketing de Afiliados com IA é Tão Poderoso

O marketing de afiliados não é novidade, mas o marketing de afiliados de IA está em outro nível:

Ferramentas de alta demanda e alta conversão: as pessoas

estão ativamente procurando ferramentas de IA.
Modelos de assinatura mensal ou anual: você recebe comissões recorrentes.
Baixa concorrência (comparado a nichos saturados como fitness ou finanças).
Baixo custo ou gratuito para começar: sem estoque, sem atendimento ao cliente e sem necessidade de programação.

E graças às redes sociais, YouTube, marketing de conteúdo e automação de e-mail, você pode promover uma vez e receber pagamentos repetidamente.

Para Quem Este Livro Foi Escrito

Este livro é para:

Qualquer pessoa que queira criar renda passiva de qualquer lugar.
Empreendedores, criadores e coaches que desejam monetizar sua audiência.
Freelancers que querem adicionar renda de afiliados aos seus serviços.
Iniciantes sem habilidades de programação ou experiência em marketing.

Não importa se você está nos Estados Unidos, na Índia, na África ou na América Latina — se você tem conexão com a internet e está disposto a aprender, você pode fazer isso.

O Que Você Vai Aprender Neste Livro

Cada capítulo foi projetado para guiá-lo passo a passo na construção de um negócio de afiliados lucrativo em torno de ferramentas de IA:

Compreender o mercado de software de IA
Como funcionam os programas de afiliados e onde encontrá-los
Principais ferramentas de IA que você pode promover hoje
Como construir um funil de afiliados que converte
Criar conteúdo que atrai compradores
Estratégias para YouTube, Instagram e SEO
Automatizar comissões com marketing por e-mail
Como revender ferramentas de IA como parceiro white label
Escalar para seis dígitos com anúncios pagos e parcerias
Estratégias de renda de longo prazo e planejamento de saída

Cada capítulo inclui histórias reais, estudos de caso e estratégias prontas para uso para que você possa começar imediatamente.

Vamos Definir o Tom: Isso Não é Sobre Sorte

Este livro não é sobre ganhar dinheiro rápido ou usar táticas duvidosas. Trata-se de construir um ativo digital real — algo que pode gerar milhares por mês em renda passiva com a estratégia e consistência certas.

Se você está cansado de trocar tempo por dinheiro, se quer trabalhar menos e ganhar mais, e se está pronto para aproveitar uma das tendências mais poderosas do nosso tempo — IA + receita recorrente — então você está no lugar certo.

Agora, vamos começar sua jornada para construir renda digital global com o Capítulo 1: Entendendo o Mercado de Software de IA.

Introdução

A chuva batia suavemente contra o telhado de metal de um pequeno apartamento em Manila. Luis estava sentado em uma mesa de madeira desgastada, com nada além de um laptop usado, um iPhone com a tela rachada e um sonho: ganhar dinheiro online.

Um ano antes, ele havia tentado de tudo — dropshipping, negociação de criptomoedas, impressão sob demanda. Nada funcionou. Então, numa noite tarde, navegando no YouTube, ele encontrou um vídeo: "Promova Ferramentas de IA e Ganhe Comissões Mensais." Algo fez sentido imediatamente.

Ele não tinha dinheiro para investir. Mas tinha tempo, determinação e acesso à internet. Isso foi suficiente.

Luis começou a pesquisar programas de afiliados. Inscreveu-se em plataformas como Jasper, Writesonic, Pictory e ferramentas baseadas no ChatGPT. Criou um blog gratuito com avaliações de produtos e guias de como usar as ferramentas. Postou vídeos no TikTok mostrando às pessoas como usar a IA para economizar tempo. Seu conteúdo não era perfeito. Seu inglês não era impecável. Mas sua autenticidade se destacava no meio do ruído.

Sua primeira comissão? 13 dólares. Depois 27 dólares. Em seguida, um salto: 439 dólares em um único mês — tudo recorrente.

Em menos de nove meses, Luis estava ganhando mais do que o salário médio mensal em seu país — trabalhando de casa. Ele não era um especialista. Não tinha conexões. Simplesmente promovia ferramentas que as pessoas já estavam procurando, usando métodos de tráfego gratuitos e consistência.

Hoje ele administra uma agência de conteúdo totalmente impulsionada por ferramentas de IA — muitas das quais ele promove e pelas quais recebe comissões. Ele está construindo seu império digital, peça por peça.

Este livro está cheio de histórias como a dele. Você aprenderá o que fazer, o que evitar e como construir um negócio que funcione para você — não importa onde você viva, o que você saiba ou o que já tenha tentado antes.

Vamos começar com o Capítulo 1.

Capítulo 1: Entendendo o Mercado de Software de IA

Para realmente ter sucesso como afiliado ou revendedor de ferramentas de IA, você precisa pensar em si mesmo não apenas como um promotor, mas como um tradutor – alguém que transforma uma tecnologia poderosa em soluções práticas para pessoas comuns. A maioria dos seus futuros clientes não se importará com termos técnicos como "modelos generativos" ou "processamento de linguagem natural". O que realmente importa para eles é saber se uma ferramenta consegue escrever um artigo de blog em dois minutos, editar um vídeo com cinco cliques ou gerar leads automaticamente. Esse é o seu papel: entender o que as ferramentas fazem e comunicar o valor delas de forma simples e clara.

Os softwares de IA estão resolvendo problemas reais em praticamente todos os setores. No comércio eletrônico, ferramentas como Descript e Pictory ajudam empreendedores a criar vídeos de produtos sem precisar de câmera. No setor imobiliário, chatbots com IA respondem leads 24 horas por dia. Na educação, ferramentas como MagicSchool AI geram planos de aula, rubricas e avaliações. Coaches usam IA para escrever roteiros de vendas, criar lead magnets e responder e-mails. Pequenos empresários utilizam IA para atendimento ao cliente, agendamento, contratação e até contabilidade. Em todas essas áreas, você, como afiliado, pode entrar e dizer: "Veja como isso funciona. Veja por que isso é importante. Veja como começar."

Entender seu mercado significa entender o que já está funcionando. As ferramentas de IA mais bem-sucedidas geralmente seguem alguns padrões:

Elas resolvem um problema doloroso e que consome muito tempo (como escrever, editar, criar roteiros ou resumir conteúdo).
Possuem uma interface simples e fácil de usar.
Oferecem teste gratuito ou um plano inicial de baixo custo.
São direcionadas para usuários não técnicos, muitas vezes empreendedores individuais ou criadores de conteúdo.
Utilizam cobrança recorrente — o que significa que você recebe comissões mensais, não apenas uma vez.

Vamos observar alguns exemplos. Jasper AI (anteriormente Jarvis) é um assistente de escrita com inteligência artificial. Ele ajuda profissionais de marketing e criadores de conteúdo a escrever artigos de blog, e-mails, anúncios e legendas para redes sociais rapidamente. Seu programa de afiliados paga cerca de 30% de comissão recorrente todos os meses. Pictory é uma ferramenta de IA que transforma texto em vídeo, convertendo artigos ou roteiros em vídeos automaticamente. Afiliados ganham receita recorrente de cada usuário que se inscreve. ElevenLabs é uma ferramenta de geração de voz que ajuda criadores de conteúdo e produtores de audiolivros a criar narrações com voz extremamente realista — e sim, ela também possui um programa de afiliados.

A beleza desse modelo está na baixa resistência e alta escalabilidade. Você não precisa manter estoque, gerenciar atendimento ao cliente ou desenvolver software. A empresa de IA faz tudo isso. Seu trabalho é trazer novos usuários. E você precisa apenas de um pequeno grupo de pessoas que realmente goste da ferramenta para ganhar centenas ou até milhares de dólares por mês. Imagine indicar apenas 100 pessoas para uma ferramenta que custa 29 dólares por mês e paga 30% de comissão recorrente. Isso representa 870 dólares por mês — todos os meses — sem trabalho adicional depois que elas se cadastram.

Mas aqui está o verdadeiro segredo: a maioria dos afiliados fracassa não por falta de esforço, mas porque tenta promover tudo para todo mundo. O sucesso vem de focar em um nicho específico. Escolha uma área que você conhece ou pela qual tem interesse. Se você é treinador de fitness, concentre-se em ferramentas de IA que ajudem treinadores com agendamento, criação de conteúdo ou acompanhamento de clientes. Se você é designer, concentre-se em ferramentas de geração de imagens, criação de logotipos ou branding. Sua autoridade e autenticidade aparecerão naturalmente quando você falar com um público que você entende — e isso torna suas promoções muito mais eficazes.

Também é importante analisar tendências. Plataformas como FutureTools.io, There's An AI For That e G2.com frequentemente listam ferramentas populares e avaliações de usuários. Use Google Trends e ferramentas de pesquisa de palavras-chave para descobrir quais softwares de IA as pessoas realmente estão procurando. Procure ferramentas com forte presença online, comunidades ativas de suporte e avaliações positivas — pois essas são as que os usuários tendem a confiar, testar e continuar utilizando.

Igualmente importante é entender a psicologia do comprador nesse mercado. A maioria dos clientes precisa perceber valor antes de comprar. É por isso que criar conteúdo educacional — como tutoriais, demonstrações ou vídeos comparativos — funciona melhor do que anúncios chamativos. Quando você ensina alguém a resolver um problema usando uma ferramenta e inclui seu link de afiliado abaixo do conteúdo, as conversões acontecem naturalmente. Você não está vendendo — está ajudando.

Outro ponto essencial para dominar o mercado de software de IA é acompanhar as mudanças. A IA evolui rapidamente. Novas ferramentas aparecem, preços mudam, empresas se fundem e recursos são atualizados. Se você se mantiver à frente das tendências, poderá aproveitar o lançamento de novas ferramentas e ganhar comissões cedo, antes que o mercado fique saturado. Considere participar de comunidades de afiliados no Reddit, Discord ou Facebook para se manter informado. Muitas empresas de IA também possuem newsletters para afiliados, alertando sobre promoções, concursos e novos recursos.

Por fim, lembre-se de que o mercado de IA é global. Existem criadores no Brasil usando Pictory para produzir vídeos para YouTube, freelancers na Nigéria usando ChatGPT para acelerar trabalhos para clientes e empresários na Alemanha automatizando marketing com ferramentas como GoHighLevel. Isso significa que seu conteúdo pode alcançar uma audiência enorme através de YouTube, blogs com SEO, Instagram Reels ou vídeos no TikTok — com o mesmo esforço que levaria para alcançar apenas uma audiência local. Traduções, legendas e conteúdo multilíngue podem lhe dar uma grande vantagem.

Em resumo, entender o mercado de software de IA significa:

Saber quais problemas as pessoas querem resolver
Escolher ferramentas que resolvam esses problemas de forma eficaz
Encontrar programas de afiliados com potencial de renda recorrente
Focar em um nicho ou público específico
Criar conteúdo útil e orientado a valor
Acompanhar tendências de mercado e expansão global

Isso não é um atalho para enriquecer rapidamente. Mas é um caminho claro e comprovado para construir uma renda digital sustentável — especialmente se você se posicionar cedo. E você já está fazendo exatamente isso ao ler este livro.

Entendendo o Mercado de Software de IA com Chioma

Chioma estava sentada sob um ventilador de teto em sua pequena casa em Lagos, na Nigéria. O laptop aquecia suas pernas enquanto a energia elétrica acabava de voltar após mais uma queda. Ela tinha acabado de dar aulas particulares de matemática para três estudantes do ensino médio e ainda tinha algumas horas antes do jantar. Mas desta vez esse tempo não seria usado para corrigir provas — seria usado para construir seu futuro.

Alguns meses antes, ela havia visto um tweet de alguém afirmando ganhar 2.000 dólares por mês promovendo ferramentas de IA. No início, ela não acreditou. Mas a curiosidade a levou a investigar mais. Naquela noite, ela passou horas assistindo vídeos no YouTube sobre marketing de afiliados com IA. E o que descobriu lhe deu esperança.

A primeira coisa que percebeu foi que as ferramentas não eram tecnologias complexas feitas apenas para programadores. Na verdade, eram simples — às vezes até divertidas — e criadas para pessoas comuns como ela. Ela testou algumas: Jasper, que escrevia descrições de produtos em segundos; Pictory, que transformava texto em vídeos animados; e ElevenLabs, que criava narrações extremamente realistas. Cada uma delas tinha um link chamado "Programa de Afiliados". Quando ela clicou, foi convidada a se inscrever e ganhar uma porcentagem de cada venda que indicasse.

Ela criou contas gratuitas, entrou nos programas de afiliados e começou a documentar sua experiência. Todas as noites, depois das aulas, escrevia artigos em um blog e gravava pequenos vídeos comparando ferramentas, explicando como usá-las e respondendo perguntas que as pessoas faziam em fóruns. Ela não tinha uma câmera profissional. A maioria de seus vídeos era apenas gravação de tela com narração feita com seu simples microfone de headset. Mas ela sabia de uma coisa: não estava tentando "viralizar". Ela apenas queria ajudar alguém como ela — alguém que queria ganhar um pouco mais de dinheiro e não sabia por onde começar.

Depois de três semanas, ganhou sua primeira comissão: 19 dólares. Depois, nada por duas semanas. Mesmo assim, continuou. Ajustou títulos, testou novas palavras-chave e percebeu que as pessoas reagiam melhor quando usava exemplos práticos, como "Como Escrever um Roteiro para YouTube em 60 Segundos Usando IA". Alguns de seus artigos começaram a aparecer nos resultados de busca do Google. Então veio outra comissão: 58 dólares, seguida por 112 dólares no mês seguinte. No quarto mês, ela já ganhava cerca de 275 dólares por mês em comissões — todas recorrentes.

O sucesso de Chioma não veio de manipular algoritmos. Veio de entender o que as pessoas queriam. Outros professores perguntavam quais ferramentas ela usava. Escritores queriam saber como produzir artigos mais rápido. Empresários perguntavam como automatizar e-mails para clientes. Ela não vendia recursos técnicos. Explicava benefícios. Ajudava as pessoas a visualizar tempo economizado, dinheiro ganho e estresse reduzido. E, em troca, elas clicavam em seus links e se cadastravam.

Ela focou em apenas três ferramentas nas quais realmente acreditava e aprendeu tudo sobre elas. Não correu atrás de cada novidade que aparecia — construiu conteúdos detalhados e continuou atualizando seus tutoriais conforme as ferramentas evoluíam. Criou até uma tabela comparativa com prós e contras para ajudar as pessoas a escolher a ferramenta mais adequada. Aos poucos, sua presença digital começou a crescer. Ela adicionou automação de e-mail e um pequeno boletim informativo. Quando alguém se cadastrava em seu tutorial gratuito, recebia cinco e-mails de acompanhamento ensinando como usar as ferramentas — cada um com seu link de afiliado.

No sexto mês, Chioma já ganhava o suficiente para pagar seu aluguel. Nesse mesmo mês, uma amiga no Reino Unido perguntou como ela estava ganhando dinheiro online, e Chioma a ajudou a criar um blog de IA voltado para profissionais de fitness. Foi então que Chioma percebeu: isso não era apenas um trabalho extra. Era o começo de um novo capítulo, onde ela não estava mais limitada pela localização, fuso horário ou limite de renda.

Chioma não criou software. Não inventou nada novo. Ela simplesmente percebeu que as ferramentas de IA estavam se tornando essenciais — e alguém precisava ajudar outras pessoas a entendê-las e usá-las. Essa pessoa poderia ser ela.

Hoje, quando olha seus painéis de afiliados e vê novos usuários da Índia, da África do Sul, dos Estados Unidos e do Brasil se cadastrando através de seus links, ela sorri. Não apenas pela renda, mas pelo impacto. Ela encontrou seu nicho. Entendeu o mercado. E agiu antes que a maioria das pessoas sequer soubesse que isso era possível.

Capítulo 2: Como Funcionam os Programas de Afiliados e Onde Encontrá-los

Programas de afiliados são parcerias entre empresas e indivíduos que concordam em promover seus produtos em troca de uma comissão por cada venda ou cadastro. No contexto de ferramentas de IA, esses programas geralmente fazem parte de uma estratégia maior de marketing chamada marketing de afiliados SaaS — e são extremamente poderosos quando combinados com produtos de receita recorrente. Para aproveitar esses programas corretamente, você precisa entender a mecânica, os tipos de ofertas, as estruturas de pagamento e as plataformas onde encontrar as oportunidades mais lucrativas.

Vamos começar com o básico. Quando você entra em um programa de afiliados, recebe um link de rastreamento exclusivo, muitas vezes chamado de "link de afiliado". Essa URL é codificada especificamente para você. Quando alguém clica nesse link e se cadastra ou faz uma compra, a plataforma de afiliados rastreia essa ação e atribui a comissão à sua conta. Dependendo das configurações da empresa, essa comissão pode ser um pagamento único ou uma porcentagem recorrente mensal. Alguns programas também oferecem bônus por marcos alcançados — como indicar seus primeiros 10 usuários ou gerar 1.000 dólares em vendas.

Existem geralmente dois tipos de modelos de pagamento em programas de afiliados: comissões únicas e comissões recorrentes. Uma comissão única é paga apenas uma vez quando alguém se cadastra ou compra através do seu link. Isso é comum em eBooks, templates e alguns cursos. No entanto, as comissões recorrentes são onde se constrói riqueza de longo prazo — especialmente quando se trata de ferramentas de IA. Se o cliente que você indicou continua pagando todos os meses, você continua recebendo. Isso é particularmente valioso para softwares com modelos de assinatura mensal, como Jasper, Copy.ai, Pictory, Writesonic, ElevenLabs, Surfer SEO e muitos outros.

A maioria dos programas de afiliados de IA paga entre 15% e 50% de comissão recorrente. Vamos imaginar que você promova uma ferramenta de voz com IA que custa 30 dólares por mês. Se você recebe 30% de comissão recorrente, isso significa 9 dólares por mês por usuário. Indique 100 usuários e você estará ganhando 900 dólares por mês — esteja você trabalhando ou dormindo. Algumas empresas oferecem cookies vitalícios, o que significa que você ganha comissões enquanto o cliente continuar usando o produto. Outras usam cookies de 30 ou 90 dias, o que significa que você receberá crédito por qualquer venda realizada dentro desse período após o clique inicial.

Para entrar nesses programas, normalmente você se inscreve pelo site da própria empresa de IA. Procure links no rodapé que digam "Affiliate", "Partner Program" ou "Referral Program". Às vezes, você precisará se inscrever por meio de plataformas terceirizadas como PartnerStack, FirstPromoter ou Impact. Essas plataformas funcionam como uma ponte entre empresas e afiliados. Elas fornecem seus links exclusivos, relatórios de pagamentos e materiais de marketing. Se você for aceito em um programa dentro dessas plataformas, muitas vezes poderá se candidatar a dezenas de outros usando o mesmo painel.

É importante observar que nem todos os programas de afiliados são iguais. Antes de se inscrever, observe alguns fatores importantes:

Taxa de comissão: é competitiva (25% ou mais)?
Frequência de pagamento: as comissões são pagas mensalmente? Existe valor mínimo para saque?
Duração do cookie: você recebe crédito por vendas dias ou semanas depois do primeiro clique?
Taxa de conversão: o produto converte bem? Ferramentas com teste gratuito geralmente convertem melhor.

Suporte e recursos: eles oferecem banners, templates de e-mail ou vídeos de demonstração?
Política de reembolso: algumas empresas retiram a comissão se o cliente cancelar ou pedir reembolso.
Forma de pagamento: pagam via PayPal, transferência bancária ou outro serviço?

Você não precisa promover todas as ferramentas disponíveis. Na verdade, focar em 3 a 5 programas de alta qualidade costuma trazer resultados melhores do que tentar gerenciar 20 programas medianos. Comece escolhendo ferramentas que você realmente usa ou acredita. Se você utiliza ChatGPT para escrever roteiros de vídeo, promova cursos ou ferramentas que complementem esse uso. Se você usa ElevenLabs para criar audiolivros, mostre às pessoas como faz isso e inclua seu link de indicação. Autenticidade gera confiança — e confiança gera conversões.

Agora, onde encontrar programas de afiliados para ferramentas de IA? Aqui estão alguns dos melhores lugares para começar:

Sites das empresas – Verifique o rodapé ou pesquise: "nome da ferramenta + programa de afiliados".
PartnerStack.com – Muito popular para ferramentas SaaS e de IA com dashboards profissionais.

FirstPromoter.com – Utilizado por muitas empresas de software de IA.
Impact.com – Um enorme marketplace de afiliados para softwares e grandes empresas.
ClickBank e Digistore24 – Não são focados apenas em IA, mas podem ter ofertas interessantes.
JVZoo e WarriorPlus – Mais voltados para infoprodutos, mas alguns lançamentos de IA aparecem ali.
Diretórios de IA – Sites como FutureTools.io ou TheresAnAIForthat.com frequentemente apontam para páginas de afiliados ou parcerias.

Depois de encontrar um programa, inscreva-se com um perfil claro. Se a empresa perguntar como você pretende promover, seja honesto. Diga que usará blog, YouTube, TikTok, Instagram ou e-mail. Muitas empresas querem afiliados com um plano claro. Outras aceitam iniciantes, desde que não utilizem práticas enganosas ou spam.

Depois de aprovado, comece gerando seus links personalizados e salvando seu painel de afiliado nos favoritos. Se o programa oferecer materiais prontos como banners ou e-mails, baixe-os. Mas lembre-se: não apenas copie e cole. Adicione sua própria voz. Ao criar conteúdo, priorize educação ou entretenimento — não apenas venda direta. Um blog chamado “Top 5 Ferramentas de IA para Redatores” ou um vídeo no YouTube chamado "Usei IA para Editar Meu Podcast — Veja o Que Aconteceu" sempre terá melhor desempenho do que "Compre Esta Ferramenta de IA Agora".

Por fim, acompanhe seus resultados. Use rastreadores de links como Bitly ou Pretty Links para ver quais conteúdos performam melhor. Com o tempo, você perceberá que 20% do seu conteúdo gera 80% das suas comissões. Foque nesses formatos e temas.

Em resumo, programas de afiliados não são apenas maneiras de ganhar dinheiro — são relações comerciais. Trate-os com profissionalismo, entenda como funcionam e priorize qualidade em vez de quantidade. Ao construir sua estratégia em torno de ferramentas de IA confiáveis, com boas comissões e utilidade real, você estará criando a base para uma fonte de renda escalável e sustentável que pode crescer mês após mês — mesmo que esteja começando hoje sem nenhuma experiência.

A história de Amara

Amara rolava suas mensagens diretas no Instagram enquanto respondia a uma pergunta de um seguidor: "Qual ferramenta de voz com IA você usa nos seus vídeos?" Ela sorriu. Apenas alguns meses antes, ninguém sequer prestava atenção ao seu conteúdo. Agora, pessoas pediam recomendações todos os dias

— e cada vez que ela respondia, vinha junto um link. Um link que pagava para ela repetidamente.

Um ano antes, Amara estava desempregada. A startup onde trabalhava fechou e novas oportunidades demoravam a aparecer. Ela passava as manhãs enviando currículos e as noites criando vídeos curtos usando ferramentas de IA gratuitas. Por curiosidade, começou a gravar alguns vídeos mostrando como usava ElevenLabs para clonar sua voz e Pictory para editar vídeos em minutos. Publicou no TikTok e no YouTube Shorts. Os vídeos tiveram visualizações. Não milhares, mas centenas. E as pessoas começaram a fazer perguntas.

Ela não sabia muito sobre marketing de afiliados. Mas um comentário mudou tudo: "Você tem um link para essa ferramenta?" Curiosa, ela visitou o site da ElevenLabs e encontrou um pequeno link no rodapé: Programa de Afiliados. Clicou. O link levou a um formulário de cadastro em uma plataforma chamada FirstPromoter. Ela preencheu, explicou que promovia ferramentas via TikTok e YouTube e enviou.

Dois dias depois, foi aprovada. A plataforma lhe deu um link exclusivo de afiliado, algumas legendas prontas para redes sociais e imagens promocionais. Ela não pensou demais. Atualizou o link em sua bio, editou a descrição do vídeo e começou a responder mensagens com seu novo link de indicação. No dia seguinte, ganhou sua primeira comissão: 8,79 dólares.

No início, ela ficou surpresa. Poderia ser realmente tão simples? Criar conteúdo, adicionar um link e ganhar quando alguém se inscrevesse? Mas logo percebeu que havia mais do que sorte envolvida. Começou a estudar outros criadores afiliados. Notou que eles não faziam spam — eles ensinavam. Em vez de dizer "Compre esta ferramenta", diziam "Veja como uso esta ferramenta para economizar cinco horas por semana". Essa mudança transformou tudo.

Ela foi mais fundo. Pictory também tinha programa de afiliados — desta vez via PartnerStack. Jasper, Synthesia e Copy.ai também tinham. Alguns pagavam 20%, outros 40%. Alguns tinham pagamentos recorrentes. Ela se candidatou a todos e foi aceita. De repente, tinha cinco ferramentas que já usava — e ganhava dinheiro ao recomendá-las.

Amara começou a organizar seus links. Criou uma página gratuita no Linktree e descreveu cada ferramenta com um benefício simples: "Clonagem de Voz com ElevenLabs", "Edição Rápida de Vídeo com Pictory", "Escrita Instantânea com Jasper". Gravou novos tutoriais mostrando passo a passo como usar cada ferramenta. Desta vez, incluiu pequenas chamadas para ação: "Link na bio se você quiser testar."

No primeiro mês, ganhou 147 dólares. No terceiro mês, ultrapassou 400 dólares. Algumas comissões eram únicas. Outras eram mensais — acumulando mês após mês. Foi então que percebeu: isso era um negócio real. Ela não estava apenas "ganhando dinheiro online". Estava construindo uma fonte de renda que não dependia de clientes, estoque ou horário fixo.

Ela começou a estudar mais. Aprendeu sobre duração de cookies — quanto tempo seu link continuava rastreando cada usuário. Passou a priorizar ferramentas com cookies vitalícios ou de 90 dias. Descobriu que algumas empresas ofereciam bônus: indicar 10 pessoas e ganhar 100 dólares extras. Tirou capturas de tela de seus dashboards e usou nos vídeos como prova de que funcionava.

Com mais confiança, adicionou um formulário simples de captura de e-mail. Ofereceu um "Guia das 5 Melhores Ferramentas de IA" gratuito em troca do e-mail das pessoas. Em poucas semanas, sua lista cresceu para 300 inscritos. Ela enviava atualizações, análises de ferramentas e lembretes. Suas comissões aumentaram novamente.

Um dia, um seguidor enviou uma mensagem: "Eu me inscrevi no Pictory pelo seu link e adorei. Você pode me recomendar uma ferramenta de voz também?" Foi nesse momento que ela percebeu algo importante. Seu papel não era empurrar ferramentas — era guiar as pessoas pela selva da IA. Ser uma curadora. Uma fonte confiável. E quanto mais ajudava, mais ganhava.

Hoje, Amara administra um negócio enxuto e solo a partir do seu quarto. Sem produtos. Sem estoque. Sem funcionários. Apenas seu telefone, seu laptop, um público crescente e alguns links que contam histórias, resolvem problemas e oferecem soluções. O marketing de afiliados deixou de ser apenas um trabalho extra. Tornou-se sua ponte — do desemprego para a independência.

E tudo começou com um simples link no rodapé de um site.

Capítulo 3: Principais Ferramentas de IA que Você Pode Promover Hoje

O segredo para ganhar renda consistente como afiliado de ferramentas de IA não é apenas entender como o marketing de afiliados funciona — é saber o que promover. As ferramentas erradas podem desperdiçar seu tempo e energia. As ferramentas certas podem gerar renda passiva contínua mês após mês. Neste capítulo, vamos explorar como identificar as melhores ferramentas de IA para promover, o que torna uma ferramenta ideal para afiliados e apresentar uma lista selecionada de softwares de IA em diferentes categorias — todos com forte demanda, comissões recorrentes e alcance global.

Vamos começar definindo o que torna uma ferramenta de IA um bom candidato para promoção como afiliado. Primeiro, ela deve resolver um problema real que as pessoas estejam procurando solucionar. Se você precisa convencer alguém de que precisa da ferramenta, está enfrentando uma batalha difícil. Mas se a ferramenta resolve um problema conhecido — como escrever e-mails mais rápido, editar vídeos automaticamente ou clonar vozes — ela praticamente se vende sozinha.

Segundo, a ferramenta deve ser fácil de usar. Se os usuários a considerarem complexa demais, eles abandonarão rapidamente — o que significa menos comissões recorrentes para você.

Terceiro, procure ferramentas que ofereçam teste gratuito ou plano freemium. Isso reduz a barreira de entrada e permite que seu público experimente o valor antes de comprar.

Por fim, priorize ferramentas com altas taxas de conversão, boas avaliações e sistemas confiáveis de rastreamento de afiliados em plataformas como PartnerStack ou FirstPromoter.

Agora vamos dividir algumas das principais ferramentas por categoria.

Ferramentas de Escrita com IA

Entre as mais populares estão Jasper AI, Copy.ai, Writesonic e Rytr. Jasper e Copy.ai são duas das mais conhecidas, com programas de afiliados oferecendo entre 30% e 50% de comissão recorrente. Essas ferramentas ajudam usuários a escrever artigos de blog, anúncios, e-mails e legendas para redes sociais, sendo ideais para profissionais de marketing, freelancers e pequenos empresários. Muitas delas incluem templates, recursos para equipes e integrações que aumentam a retenção — o que significa mais renda para você ao longo do tempo.

Ferramentas de Voz e Áudio com IA

Uma das mais destacadas é ElevenLabs. Ela permite criar narrações extremamente realistas para podcasts, audiolivros, YouTube e vídeos educacionais. A ferramenta cresceu rapidamente em popularidade graças à qualidade de áudio e suporte multilíngue. Outras opções incluem PlayHT e Murf.ai. Essas ferramentas são excelentes para promover entre criadores de conteúdo, autores, professores e profissionais de vídeo marketing. A demanda por ferramentas de voz aumentou muito com o crescimento de conteúdo sem rosto, especialmente em plataformas como YouTube Shorts e TikTok.

Ferramentas de Vídeo com IA

Esse é um dos nichos que mais cresce. Pictory, InVideo, Synthesia e RunwayML são alguns dos principais nomes. Pictory permite transformar artigos ou roteiros em vídeos completos com imagens de banco, narração, legendas e música — tudo com IA. É perfeito para criadores de redes sociais, coaches ou qualquer pessoa que queira reaproveitar conteúdo rapidamente.

Synthesia é uma ferramenta mais avançada que cria vídeos com avatares de IA em vários idiomas, muito usada em treinamentos corporativos e empresas globais. Essas ferramentas normalmente pagam comissões recorrentes e atraem uma ampla base de usuários.

Ferramentas de Chat e Automação com IA

Chatbase, Botpress e CustomGPT ajudam usuários a criar seus próprios chatbots baseados em modelos de linguagem avançados. Essas ferramentas são especialmente populares entre equipes de suporte ao cliente, e-commerces e consultores.

Se seu público inclui desenvolvedores, empresários ou profissionais que criam experiências para clientes, essas ferramentas podem ser extremamente lucrativas. Plataformas como ManyChat e GoHighLevel também incluem recursos de IA e oferecem comissões recorrentes altas para plataformas completas de automação.

Ferramentas de Design e Imagem com IA

Ferramentas como Canva (que agora possui recursos de IA), Looka, Midjourney e Leonardo.ai são excelentes opções para promover se seu público inclui designers, empreendedores individuais ou gestores de redes sociais.

Algumas ferramentas de design não possuem programas de afiliados formais, mas você pode promover serviços complementares como templates, presets ou pacotes de design com IA. O programa de afiliados do Canva paga tanto por cadastros gratuitos quanto por assinaturas do Canva Pro e funciona globalmente.

Marketplaces e Plataformas de Ferramentas de IA

Além de ferramentas individuais, existem marketplaces de IA que também pagam comissões. O AppSumo, por exemplo, frequentemente apresenta ferramentas de IA com ofertas vitalícias e programas de afiliados. Diretórios como FutureTools.io ou There's An AI For That também possuem redes de referência.

Você também pode combinar várias ferramentas em conteúdos como:

Top 7 Ferramentas de IA para Corretores de Imóveis
Melhores Ferramentas de IA para Criadores de Conteúdo
5 Ferramentas de IA para Pequenos Negócios

Esse tipo de conteúdo permite ganhar várias comissões dentro de um único artigo ou vídeo.

Lista de Ferramentas de IA com Programas de Afiliados

Jasper AI – Escrita com IA; cerca de 30% de comissão recorrente (PartnerStack)

Copy.ai – Assistente de escrita; plano gratuito disponível; cerca de 45% recorrente (FirstPromoter)

ElevenLabs – Geração de voz com IA; áudio realista; cookies vitalícios para afiliados

Pictory – Criação de vídeo com IA; cerca de 30% recorrente (PartnerStack)

Synthesia – Vídeos com avatares de IA; comissões altas

Writesonic – Escrita, chatbots e geração de imagens; plano gratuito forte; cerca de 30% recorrente

Murf.ai – Vozes de IA com recursos corporativos; paga comissões

InVideo – Editor de vídeo com IA; criação rápida; demanda crescente

GoHighLevel – CRM completo com IA; comissões recorrentes altas

Surfer SEO – Planejamento de conteúdo SEO com IA; ideal para blogueiros e agências

Canva – Design gráfico com IA; grande alcance global; programa de afiliados ativo

AppSumo – Marketplace com ofertas vitalícias de ferramentas de IA; paga comissões

Ao escolher quais ferramentas promover, pense primeiro no seu público. Se seu público é formado por criadores de conteúdo, foque em ferramentas de vídeo, voz e edição. Se forem blogueiros ou profissionais de marketing, escolha ferramentas de escrita e SEO. Se forem educadores ou treinadores, considere ferramentas de voz, apresentações ou geração de slides com IA. Quanto maior a conexão entre o público e a ferramenta, maior será sua taxa de conversão e retenção.

Por fim, construa relações de longo prazo com as plataformas. Inscreva-se nas newsletters de afiliados. Peça acesso antecipado a novos recursos ou promoções. Algumas empresas oferecem cupons exclusivos ou aumentam a comissão para afiliados que geram alto volume de usuários.

Lembre-se também de que o mercado de IA está evoluindo rapidamente. Atualize seus conteúdos regularmente, substitua links que não performam bem e acompanhe novas tendências. Quanto mais cedo você identificar as ferramentas certas, mais vantagem terá.

As ferramentas certas — combinadas com conteúdo autêntico e promoção consistente — formam a base de uma estratégia poderosa de afiliados. No próximo capítulo, falaremos sobre como construir seu primeiro funil de afiliados para transformar visitantes curiosos em clientes recorrentes.

A próxima etapa de Santiago

Santiago era um designer gráfico que vivia em Medellín, na Colômbia, e adorava testar novas ferramentas. Sempre que um novo software surgia, ele era o primeiro em seu grupo de designers a experimentar. Mas, apesar de sua criatividade e habilidade, ele lutava para manter uma renda estável. Trabalhos freelancers vinham e iam. Clientes pagavam atrasado. As contas não esperavam.

Ele começou a procurar uma fonte de renda extra que não o esgotasse.

Uma tarde, assistindo a um tutorial no YouTube sobre prompts para Midjourney, percebeu que o criador havia incluído um link chamado "Teste Midjourney + Ferramentas de IA". Santiago clicou e descobriu que levava a um blog comparando várias ferramentas — cada uma com seu próprio link de afiliado. Curioso, ele percebeu que o blogueiro estava ganhando comissões com cada ferramenta mencionada — ferramentas que Santiago já usava diariamente.

Naquele momento, surgiu uma ideia. E se ele pudesse transformar seu conhecimento em conteúdo que gerasse renda?

Ele fez uma lista de todas as ferramentas de IA que usava em seu fluxo criativo: Canva, Midjourney, Looka e Leonardo.ai. Verificou cada site em busca de programas de afiliados. Canva tinha um. Looka também. Midjourney ainda não — mas ele percebeu que poderia promover bibliotecas de prompts e ferramentas complementares.

Naquela mesma noite, ele se inscreveu em quatro programas de afiliados.

Em vez de criar um grande site, Santiago decidiu focar no que sabia fazer melhor: conteúdo visual. Gravou vídeos curtos mostrando como usar os recursos de IA do Canva para criar mockups de logotipo em menos de cinco minutos. Criou carrosséis no Instagram explicando como usar Leonardo.ai para design de personagens estilizados. Também iniciou uma playlist no YouTube chamada "Ferramentas de IA Gratuitas que Uso como Designer", com links de afiliados na descrição.

O diferencial de Santiago era a forma como contava histórias. Ele não dizia: "Use esta ferramenta para ganhar dinheiro". Ele dizia: "Veja como transformei um simples prompt em cinco designs pagos." Ou: "Veja como rebrandizei uma padaria em 15 minutos usando apenas Canva e Midjourney."

As ferramentas nunca eram a estrela — os resultados eram.

Logo começaram a chegar mensagens:
"Qual plano do Canva Pro você usa?"

"Pode compartilhar esse template?"
"Onde posso me inscrever nessa ferramenta de logo?"

Cada pergunta era uma oportunidade. E Santiago respondia com valor, uma dica pessoal e seu link.

No final do segundo mês, ele havia ganhado mais de 300 dólares em comissões — principalmente do Canva e do Looka. O melhor era a consistência. Muitos usuários continuavam assinantes. Cada novo mês trazia mais renda, mesmo sem novos conteúdos.

Seu aspecto favorito? Ele estava sendo pago para falar sobre ferramentas que realmente amava e já recomendava gratuitamente.

Mais tarde, ele expandiu sua lista. Adicionou Pictory depois de ver outro designer usando a ferramenta. Testou InVideo e gravou um tutorial mostrando como animar portfólios de clientes sem precisar editar vídeos manualmente. Descobriu novos marketplaces de IA e criou artigos como:

Top 5 Ferramentas de IA para Designers Freelancers
Melhores Aplicativos de IA para Branding de Pequenos Negócios

Santiago nunca se chamou de afiliado. Ele ainda se via como criador antes de tudo.

Mas sua conta bancária contava outra história.

Ele agora ganhava entre 600 e 800 dólares por mês em renda recorrente com links em vídeos, blogs e posts nas redes sociais criados semanas antes.

À medida que sua reputação crescia, empresas de IA começaram a entrar em contato oferecendo acesso beta e melhores taxas de comissão. Algumas até perguntaram se ele queria criar conteúdo patrocinado.

Mas ele manteve sua estratégia simples: promover apenas ferramentas que realmente usava e em que confiava.

Ele sabia que uma recomendação ruim poderia destruir a confiança. Mas uma boa recomendação poderia construir uma audiência fiel por anos.

Agora, Santiago começa cada mês com confiança. Não importa quantos trabalhos freelance apareçam, ele sabe que existe uma base de renda entrando automaticamente graças ao conteúdo que já criou.

Ele construiu um motor digital alimentado por autenticidade e impulsionado por automação.

E tudo começou com a curiosidade de um designer — e alguns links em uma descrição de vídeo.

Capítulo 4: Construindo um Funil de Afiliados que Converte

Se você quer ganhar renda consistente e escalável com programas de afiliados de IA, precisa de mais do que apenas links de afiliados — precisa de um sistema de conversão. Esse sistema é chamado de funil, e ele é a diferença entre ganhar 50 dólares uma única vez ou ganhar mais de 5.000 dólares todos os meses. Um funil é simplesmente o processo pelo qual você conduz alguém — desde descobrir a ferramenta, aprender sobre ela, clicar no seu link e finalmente se cadastrar ou comprar. Sem um funil claro, mesmo as melhores ferramentas de IA e programas com altas comissões não irão converter.

Um funil de afiliados bem-sucedido tem três partes principais: tráfego, valor e conversão. Primeiro, você precisa de tráfego — pessoas que veem seu conteúdo. Esse tráfego pode vir das redes sociais, mecanismos de busca, newsletters por e-mail ou plataformas de vídeo como o YouTube. Mas tráfego sozinho não significa nada sem valor. Valor é o que gera confiança e mantém a atenção. Você oferece valor educando, entretendo ou resolvendo um problema. Finalmente, ocorre a conversão quando alguém toma uma ação — geralmente clicando no seu link de afiliado e se cadastrando na ferramenta. Seu trabalho é otimizar cada uma dessas etapas para que as pessoas avancem naturalmente pelo funil.

Vamos dividir isso em etapas. O topo do funil é onde as pessoas descobrem você ou seu conteúdo pela primeira vez. Isso pode acontecer através de um tutorial no TikTok, um vídeo no YouTube, um artigo em blog, um tweet ou um carrossel no Instagram. O fator mais importante aqui é intenção. Conteúdo viral aleatório não ajuda se não atrair pessoas realmente interessadas em ferramentas de IA. Por isso, conteúdo de nicho funciona melhor. Um vídeo como “Como uso IA para escrever e-mails de clientes mais rápido” terá melhor desempenho do que “Vídeo incrível de IA!” porque atrai pessoas que já estão procurando soluções. Plataformas como YouTube e Google são especialmente poderosas porque as pessoas as utilizam com intenção clara de aprender e resolver problemas.

O meio do funil é onde você constrói confiança e entrega valor. Geralmente é um conteúdo mais completo: um vídeo tutorial, um artigo comparativo, um mini guia ou até um download gratuito. Nesse estágio, seu público está interessado, mas ainda não está convencido. Eles precisam entender o que a ferramenta faz, como resolve o problema deles e por que devem confiar na sua recomendação. Aqui é onde o conteúdo educacional brilha. Mostre seu caso de uso favorito da ferramenta de IA. Explique os resultados que você obteve. Compartilhe prós e contras. Use capturas de tela, demonstrações ao vivo ou comparações antes e depois. E sempre inclua seu link de afiliado de forma natural — no início, no meio e no final.

O fundo do funil é onde acontece a conversão real. Isso pode ser sua página de captura, sua sequência automática de e-mails ou uma página de review do produto. Seu objetivo aqui é remover as últimas barreiras que impedem a ação. Ofereça bônus ou incentivos. Por exemplo: "Cadastre-se pelo meu link e receba meu pacote gratuito de templates de IA." Responda objeções comuns como "Isso realmente vale a pena?" ou "Isso funcionará para mim?" Inclua depoimentos ou capturas de tela dos seus próprios resultados. Torne a decisão fácil. Uma chamada clara para ação é essencial: "Clique abaixo para testar gratuitamente por 14 dias — sem necessidade de cartão de crédito."

Para construir seu funil de afiliados, você precisará de algumas ferramentas gratuitas ou de baixo custo. Primeiro, configure uma ferramenta de link na bio como Linktree, Solo.to ou Taplink. Isso permite organizar todos os seus links de afiliados em um único lugar, especialmente se você promove ferramentas em várias plataformas. Em seguida, use um criador de páginas como Carrd, Systeme.io ou ConvertKit para criar uma página simples oferecendo um guia ou material gratuito em troca do e-mail do visitante. Depois disso, configure um sistema de automação de e-mail para enviar mensagens com valor que continuem educando e lembrando as pessoas de se cadastrar usando seus links. Isso transforma visitantes ocasionais em seguidores e compradores recorrentes.

Uma estratégia de funil extremamente eficaz é o modelo de "guia gratuito ou mini-curso". Você cria um checklist, PDF ou pequeno curso por e-mail — algo como "5 Ferramentas de IA que Me Economizaram 20 Horas Este Mês". Quando alguém se inscreve, recebe o guia e você envia de três a cinco e-mails explicando cada ferramenta com mais detalhes. Cada e-mail inclui seu link de afiliado. Esse modelo converte muito bem porque constrói confiança ao longo do tempo e fornece educação estruturada — não apenas links soltos.

Outro método poderoso é o método de bônus. Nesse caso, você oferece valor extra para incentivar as pessoas a usar seu link em vez do link de outra pessoa. Por exemplo, se você promove Jasper, pode oferecer seus próprios templates ou biblioteca de prompts como bônus. Se promove uma ferramenta de vídeo com IA, pode oferecer um calendário de conteúdo ou fórmula de roteiro de vídeo. Esses bônus criam uma vantagem competitiva e transformam seu funil em uma situação vantajosa para todos.

A análise de dados também é fundamental. Use ferramentas como Pretty Links, Bitly ou Google Analytics para rastrear de onde vêm seus cliques. Se seus artigos de blog geram 60% dos cliques e seus stories no Instagram apenas 5%, você saberá onde concentrar seus esforços. Também acompanhe as conversões. Muitos dashboards de afiliados mostram quem clicou, quem se cadastrou e quanto você ganhou. Com o tempo, esses dados ajudam a otimizar seu funil.

Em resumo, um funil de afiliados eficiente:

Atrai tráfego qualificado com conteúdo educacional de nicho
Oferece valor com tutoriais, demonstrações e casos reais
Converte usuários com bônus, sequências de e-mail e chamadas claras para ação
Utiliza ferramentas simples como páginas de captura, links na bio e automação de e-mail
É monitorado e otimizado com análises e testes

Você não precisa ser um especialista em marketing para construir um funil que converte. Basta ser estratégico, útil e consistente. E quando seu funil estiver ativo e funcionando, ele continuará trabalhando em segundo plano — trazendo leads, indicações e comissões enquanto você dorme.

No próximo capítulo, veremos como criar conteúdo que atrai compradores, constrói sua autoridade e faz com que as pessoas voltem sempre para aprender mais.

Como Fátima Construiu um Funil de Afiliados que Converte

Fátima nunca se considerou uma "vendedora". Na verdade, ela evitou vender qualquer coisa durante grande parte da sua vida. Mas tudo mudou quando percebeu que não precisava vender — apenas ajudar. Vivendo no Cairo, ela começou um canal no YouTube mostrando às pessoas como usar ferramentas de IA em árabe. Era um canal pequeno — apenas algumas centenas de inscritos — mas ela percebeu algo interessante. Sempre que mostrava como fazer algo útil, as pessoas assistiam até o final. Quando mencionava um link de forma casual, as pessoas clicavam. E quando mostrava instruções passo a passo, elas voltavam.

Ela já havia se inscrito nos programas de afiliados da Jasper, Pictory e ElevenLabs, mas não via muitos resultados até criar seu primeiro funil real.

Tudo começou com um vídeo chamado "3 Ferramentas de IA que Uso para Economizar 10 Horas por Semana". Ela não tentou torná-lo viral. Apenas focou em ser clara e prática. No vídeo, mostrou como usava Jasper para escrever introduções de blog, Pictory para transformar esses textos em vídeos e

ElevenLabs para gerar narrações. Compartilhou sua tela, deu dicas em tempo real e manteve o vídeo com menos de seis minutos. Na descrição, adicionou um link que levava a uma página simples chamada: "Baixe Meu Template Gratuito de Fluxo de Trabalho com IA".

Essa página, criada com Carrd, oferecia um PDF com instruções passo a passo do mesmo fluxo de trabalho mostrado no vídeo. Para acessar o material, os visitantes precisavam inserir o e-mail. Depois disso, eram adicionados à lista de e-mails dela no ConvertKit e recebiam o PDF imediatamente.

Mas aquilo era apenas o começo.

Nos cinco dias seguintes, eles recebiam e-mails curtos e cheios de valor. No primeiro dia, ela se apresentava e incluía links para cada ferramenta. No segundo dia, explicava por que preferia Jasper em relação a outras ferramentas de escrita. No terceiro dia, mostrava um erro comum que as pessoas cometiam ao usar Pictory. No quarto dia, oferecia um bônus: se alguém se cadastrasse no ElevenLabs através do link dela, receberia três templates de narração em árabe. No quinto dia, convidava as pessoas a responder ao e-mail com dúvidas.

Cada e-mail incluía seus links de afiliado — não como vendas agressivas, mas como parte natural do tutorial.

Os resultados a surpreenderam. Quase metade das pessoas que visitavam a página se inscrevia no guia. Cerca de 20% clicavam em algum dos links de afiliado. E todas as semanas ela via suas comissões crescerem — mesmo quando não publicava novos vídeos.

Fátima percebeu que o funil era a diferença. Antes, ela apenas adicionava links e esperava que alguém clicasse. Agora, estava guiando as pessoas passo a passo — do problema à solução.

Seu conteúdo atraía.
Seu guia ajudava.
Seus e-mails reforçavam a confiança.
Seus bônus davam o empurrão final.

Ela não era apenas uma criadora de conteúdo. Era uma construtora de sistemas.

Com o tempo, aprimorou seu funil. Adicionou depoimentos de seguidores que usaram as ferramentas. Testou diferentes títulos para sua página. Traduzia partes do funil para francês e urdu, expandindo seu alcance.

Ao final do sexto mês, ela estava ganhando mais de 1.000 dólares por mês com ferramentas afiliadas — tudo automatizado através do funil que havia criado uma única vez e apenas atualizava ocasionalmente.

O que começou como um pequeno projeto tornou-se uma fonte de renda previsível.

E o melhor de tudo: seu público não sentia que estava sendo vendido. Eles se sentiam apoiados, guiados e capacitados.

Fátima costuma refletir sobre como tudo foi simples.

Um vídeo útil.
Um guia gratuito.
Alguns e-mails curtos.

O poder não estava na tecnologia — estava na clareza.

Ela não tentou enganar ninguém. Não usou clickbait. Apenas mostrou algo que funcionava.

Ela ainda não se considera uma vendedora. Mas quando alguém pergunta o que ela faz, ela sorri e responde:

"Eu mostro às pessoas como usar ferramentas de IA. E se elas gostarem, eu ganho dinheiro."

Isso é um funil — e uma vida — que funciona.

Capítulo 5: Criando Conteúdo que Atrai Compradores

O marketing de afiliados não funciona sem conteúdo. E não qualquer conteúdo — ele precisa atrair compradores, não apenas curiosos. Se você realmente quer ganhar comissões de forma consistente, precisa criar conteúdo que construa confiança, demonstre valor e leve as pessoas à ação. Neste capítulo, você aprenderá como criar conteúdo que converte, mesmo que não seja um profissional de marketing ou editor de vídeo.

A primeira coisa a entender é que o conteúdo é o seu vendedor — mas, ao contrário de um vendedor insistente, seu conteúdo trabalha 24 horas por dia sem incomodar ninguém. Um bom artigo de blog, vídeo ou e-mail pode educar, convencer e gerar uma venda sem que você precise estar presente. Portanto, a pergunta não é "Devo criar conteúdo?", mas sim "Que tipo de conteúdo funciona melhor para vendas de afiliados?"

Existem cinco tipos principais de conteúdo que convertem de forma consistente no marketing de afiliados:

Tutoriais e guias passo a passo
Comparações de produtos
Estudos de caso e resultados

Listas e recomendações

Conteúdo de bastidores ou fluxo de trabalho

Cada um desses formatos oferece valor de uma maneira diferente, mas todos têm o mesmo objetivo: levar alguém de "curioso" para "convencido".

Tutoriais são a forma mais poderosa de conteúdo para ferramentas de IA porque mostram exatamente como usar o software. Por exemplo, um vídeo chamado "Como transformar um artigo de blog em um vídeo usando Pictory" mostra um caso real de uso, entrega valor imediatamente e cria uma oportunidade natural para incluir seu link de afiliado. As pessoas têm muito mais probabilidade de se cadastrar quando veem a ferramenta resolvendo um problema real.

Comparações são essenciais em mercados competitivos. Pense em conteúdos como "Jasper vs Copy.ai" ou "Pictory vs InVideo". Esses são termos de alta intenção porque quem pesquisa isso geralmente já está próximo de comprar — só precisa de ajuda para decidir. Conteúdos comparativos permitem posicionar seu link de afiliado como uma recomendação confiável. Seja honesto. Mostre prós e contras. Faça com que o leitor ou espectador sinta que você está ajudando, não apenas vendendo.

Estudos de caso são extremamente eficazes. Se você usou uma ferramenta e obteve um resultado, documente isso. Por exemplo: "Como usei o Jasper AI para escrever 5 artigos em um dia" ou "Como gerei 500 dólares em comissões com uma única ferramenta de IA". Inclua capturas de tela, comparações de tempo e lições aprendidas. Esses exemplos do mundo real fazem a ferramenta parecer acessível e prática, aumentando as conversões.

Listas também funcionam muito bem porque são fáceis de consumir e compartilhar. Conteúdos como "7 ferramentas de IA que todo pequeno empresário deveria conhecer" ou "5 ferramentas de IA gratuitas para aumentar sua produtividade" permitem incluir vários links de afiliados enquanto oferecem várias opções ao leitor. Esse tipo de conteúdo funciona muito bem em blogs, YouTube, Pinterest, LinkedIn e Twitter, onde as pessoas estão procurando soluções rápidas.

Conteúdo de bastidores está crescendo rapidamente, especialmente em plataformas como Instagram Reels, TikTok e YouTube Shorts. São vídeos curtos mostrando seu fluxo de trabalho. Por exemplo: "Veja como transformo uma nota de voz em um podcast usando IA" ou "Meu fluxo de criação de conteúdo com IA gastando zero". O segredo é a transparência. Mostre sua tela. Narre o processo. Faça as pessoas sentirem que estão aprendendo diretamente com você. Esses vídeos frequentemente geram comentários ou mensagens perguntando "Que ferramenta é essa?" — e esse é o momento perfeito para compartilhar seu link de afiliado.

Agora vamos falar sobre plataformas. Onde você deve publicar esse conteúdo?

Os conteúdos que mais convertem geralmente estão em plataformas com intenção de busca, como YouTube, Google (através de blogs) e Pinterest. Isso acontece porque os usuários dessas plataformas estão procurando soluções ativamente. Um conteúdo publicado ali pode gerar visualizações e cliques por meses ou até anos.

Plataformas rápidas como TikTok, Instagram Reels e Twitter são excelentes para alcance e visibilidade. O ideal é combinar os dois tipos: conteúdo curto para atrair atenção e conteúdo mais longo para converter.

Para acelerar os resultados, você pode usar alguns formatos de estrutura de conteúdo:

Antes / Depois / Ponte
Mostre o problema, apresente o resultado e explique como chegar lá.

Problema / Intensificação / Solução
Descreva o problema, amplifique a dor e mostre a solução com a ferramenta.

Passo a passo
Divida o conteúdo em etapas claras e acionáveis.

Não se preocupe em ser perfeito. Os melhores criadores de conteúdo afiliado começaram com microfones simples, câmeras de celular e blogs básicos. O que realmente importa é clareza, consistência e autenticidade. Seu público quer confiar em você — não se impressionar com seu estúdio.

Inclua chamadas claras para ação. Em vídeos, você pode dizer coisas como:

"Deixei o link na descrição para você testar essa ferramenta gratuitamente."
"Se quiser obter os mesmos resultados, use o link que coloquei abaixo."
"Também incluí um guia gratuito se você quiser acompanhar o processo."

Em blogs ou e-mails, repita seus links de afiliado várias vezes: no início, no meio e no final do conteúdo. Use botões, links em destaque ou elementos visuais para facilitar o clique.

Consistência é essencial. Não espere que um único vídeo ou artigo mude sua vida. Mas 10 vídeos úteis? 20 artigos de blog? 30 conteúdos otimizados? Isso cria um sistema. Com o tempo, esse conteúdo se transforma em ativos digitais — gerando comissões enquanto você trabalha em outras coisas.

Lembre-se: compradores não querem ser vendidos — querem ser guiados. Seu conteúdo é a ponte entre o problema deles e a solução que você apresenta. Se você criar conteúdo que constrói confiança e resolve problemas reais, os cliques e as comissões virão naturalmente.

No próximo capítulo, veremos estratégias específicas para plataformas como YouTube, Instagram e SEO — mostrando exatamente como levar mais pessoas até seu conteúdo afiliado.

Theo, o criador de conteúdo

Seis meses atrás, ninguém sabia quem era Theo. Um estudante universitário nas Filipinas, quieto e detalhista, ele passava a maior parte do tempo livre testando ferramentas de IA apenas por diversão. Não tinha uma grande presença nas redes sociais e nunca havia feito um vídeo para o YouTube.

Um dia, ele assistiu a um criador de conteúdo mostrar quanto ganhava em afiliados com um simples artigo de blog analisando cinco ferramentas de IA. Theo não conseguiu parar de pensar nisso. O criador não era famoso, nem extravagante — mas ganhava renda consistente ensinando pessoas a usar softwares que Theo já usava diariamente.

Esse foi o ponto de virada.

A primeira coisa que Theo fez foi criar um blog simples no Medium. Ele não se preocupou com design — apenas com conteúdo. Seu primeiro artigo se chamava "5 Ferramentas de IA que Usei para Sobreviver ao Semestre sem Enlouquecer". Não era clickbait — era real.

Ele escreveu sobre como usou Jasper para ajudar a escrever ensaios, Pictory para transformar pesquisas em vídeos e ElevenLabs para transformar notas em áudio que ele podia ouvir no caminho para a faculdade.

Ele adicionou seus links de afiliado e publicou.

Na primeira semana, o artigo teve apenas 17 visualizações. Nada impressionante. Mas uma pessoa clicou em um link e se inscreveu em um teste gratuito. Depois outra.

Ele continuou escrevendo.

Seu segundo artigo foi um tutorial: "Como escrevi um ensaio de 2.000 palavras com Jasper AI em menos de 30 minutos". Desta vez, ele adicionou capturas de tela e explicou o processo passo a passo. Compartilhou o artigo em um grupo de estudantes no Facebook.

Ele foi compartilhado 32 vezes.

As primeiras comissões começaram a aparecer — 9 dólares aqui, 18 dólares ali.

Animado, Theo decidiu testar vídeo. Gravou sua tela mostrando o mesmo processo do blog e publicou no YouTube. Sem câmera. Sem edição sofisticada. Apenas instruções claras.

Na descrição, colocou seus links de afiliado e uma chamada para ação: "Se quiser testar o Jasper, deixei meu link abaixo".

O vídeo começou a receber visualizações de buscas como "como escrever ensaios com IA" e "review Jasper AI para estudantes".

Funcionou.

As pessoas assistiam.
As pessoas clicavam.
As pessoas se cadastravam.

Theo também testou conteúdos em formato de lista, como "Top 3 Ferramentas de IA para Estudantes Ocupados". Esse formato superou todos os outros. Ele percebeu que os estudantes queriam soluções rápidas, não explicações longas.

Então começou a criar conteúdos focados em casos de uso: estudar mais rápido, resumir textos, criar flashcards e fazer apresentações.

Cada conteúdo tinha três elementos:

Uma ferramenta
Um problema que ela resolvia
Um link

Seu pequeno canal no YouTube cresceu para 500 inscritos. Seu blog alcançou 1.000 visualizações por semana. Ele criou um material gratuito chamado "Kit de Ferramentas de IA para Estudantes" e começou a construir uma lista de e-mails.

Cada novo inscrito recebia uma sequência de e-mails com tutoriais, estudos de caso e links de afiliados.

O que começou como um experimento tornou-se um pequeno ecossistema digital gerando renda semanal.

Mas o que realmente fazia o conteúdo de Theo funcionar era o tom. Ele nunca parecia estar tentando vender algo. Parecia apenas um amigo compartilhando algo útil que havia descoberto.

Os comentários refletiam isso:

"Isso me economizou horas, obrigado!"
"Acabei de me inscrever pelo seu link!"

Ele não era famoso — mas era confiável. E confiança converte melhor do que qualquer script de vendas.

Hoje, Theo ganha entre 700 e 900 dólares por mês em comissões de afiliados — tudo com conteúdo criado com ferramentas gratuitas e ideias simples.

Ele reinveste parte desse dinheiro em novos equipamentos, cursos e testes de novas ferramentas de IA.

Seu vídeo mais recente mostra como ele usa uma voz de IA para narrar seus próprios resumos de estudo — algo que ele descobriu enquanto criava conteúdo por diversão.

A história de Theo prova que você não precisa ser um especialista em marketing ou uma estrela das redes sociais para criar conteúdo que converte.

Você só precisa explicar bem, resolver problemas e mostrar seu processo.

E com cada artigo, vídeo ou guia publicado, você constrói algo que continua pagando muito tempo depois de clicar em "publicar".

Capítulo 6: Estratégias para YouTube, Instagram e SEO

Depois de saber o que promover e como construir um funil de afiliados baseado em conteúdo, o próximo passo é dominar a distribuição. Não basta criar conteúdo excelente — as pessoas precisam encontrá-lo. É aí que entram YouTube, Instagram e SEO. Essas plataformas são algumas das mais eficazes para gerar tráfego consistente e altamente qualificado para seus links de afiliado. Cada uma tem seus pontos fortes, e neste capítulo você aprenderá a usar as três para aumentar seu alcance, autoridade e renda.

Vamos começar pelo YouTube — o maior mecanismo de busca para vídeos do mundo. O YouTube é ideal para afiliados de ferramentas de IA porque as pessoas usam a plataforma para aprender a utilizar softwares. Isso significa que elas já têm alta intenção de compra. Tutoriais, demonstrações, reviews e comparações costumam ter ótimo desempenho. Um vídeo bem otimizado pode gerar tráfego e comissões por anos.

Comece identificando palavras-chave que seu público já está pesquisando, como:

"Melhor ferramenta de escrita com IA"
"Como usar ElevenLabs"
"Pictory vs InVideo"

Use ferramentas gratuitas como TubeBuddy ou VidIQ para pesquisar títulos e tags.

Ao criar o vídeo, mantenha a simplicidade. Use programas de gravação de tela como Loom, OBS ou ScreenPal para mostrar o processo. Narre o que você está fazendo. Mostrar seu rosto é opcional. O mais importante é entregar valor rapidamente. Idealmente, seu vídeo deve apresentar um problema, mostrar a solução usando a ferramenta de IA e incluir uma chamada clara para ação, como:

"Experimente essa ferramenta usando o link na descrição."

Repita a chamada para ação pelo menos duas vezes — no início e no final do vídeo. Na descrição, inclua o link de afiliado com contexto:

"Teste gratuitamente o [Nome da Ferramenta] aqui."

Para melhorar ainda mais o desempenho:

Fixe um comentário com seu link de afiliado e um resumo do tutorial.
Adicione timestamps na descrição para aumentar o tempo de

visualização.
Crie thumbnails claros com benefício visível, como:
"Crie YouTube Shorts em 2 Minutos com IA."

Você não precisa de uma audiência enorme. Um vídeo com 1.000 visualizações e taxa de conversão de 2% já pode gerar dezenas de cadastros.

Agora vamos falar sobre o Instagram. Essa plataforma é excelente para alcançar pessoas de forma visual e emocional. Enquanto o YouTube funciona melhor para conteúdo educacional mais longo, o Instagram é ideal para impacto rápido — especialmente através de Reels e carrosséis.

Seu objetivo no Instagram é despertar curiosidade e incentivar ação. Uma boa estratégia inclui três tipos de conteúdo:

Micro tutoriais
Conteúdo de bastidores
Resultados pessoais

Por exemplo, um Reel mostrando "Meu fluxo de criação de conteúdo com IA em 20 segundos" pode gerar muitas visualizações. No final, adicione texto como:

"Link na bio para usar essas ferramentas."

Use carrosséis para explicar comparações ou listas, como:

Top 5 ferramentas de IA para pequenas empresas
3 ferramentas de IA que uso todos os dias

Inclua o link de afiliado na bio usando ferramentas como Linktree, Solo.to ou Stan Store. Varie suas chamadas para ação nas legendas e stories. E sempre mostre a ferramenta em ação — não apenas fale sobre ela.

Mostre sua tela.
Grave demonstrações rápidas.
Conte histórias que começam com um problema e terminam com a solução.

A consistência no Instagram traz resultados. Use hashtags relevantes como:

#AITools
#ContentAutomation
#DigitalIncome
#AIAffiliate

Responda comentários e mensagens com dicas úteis e links. Quanto mais interação seu conteúdo receber, mais o algoritmo mostrará suas publicações para usuários semelhantes.

Agora vamos falar da estratégia de longo prazo: SEO.

Blogs e sites otimizados para Google são verdadeiros ativos digitais. Eles trabalham silenciosamente em segundo plano, atraindo visitantes que já estão procurando soluções. Isso significa conversões mais altas e menos cancelamentos.

Para ter sucesso com SEO, escolha palavras-chave de alta intenção como:

"melhor gerador de voz com IA"
"review Jasper AI"
"tutorial Pictory"

Ferramentas gratuitas como Ubersuggest, Google Trends e AnswerThePublic podem ajudar a descobrir o que as pessoas estão pesquisando.

Seu artigo deve incluir:

Um título forte
Uma introdução que prenda a atenção
Explicação clara do problema
A solução (a ferramenta)
Instruções passo a passo

Inclua seu link de afiliado naturalmente ao longo do texto e novamente no final com uma chamada clara para ação.

Adicione imagens e capturas de tela para aumentar o engajamento e o tempo de permanência na página. Você pode criar seu blog usando WordPress, Medium ou até Notion com domínio próprio.

Tente publicar de um a dois artigos otimizados por semana e atualizá-los ao longo do tempo.

Para fortalecer seu SEO:

Crie links internos entre seus artigos
Envie seu site para indexação no Google Search Console
Crie artigos de listas como "Top 10 Ferramentas de IA em 2025"

Esses artigos permitem incluir vários links de afiliado em um único conteúdo.

A grande vantagem do SEO é o efeito acumulativo. Um artigo escrito hoje pode gerar renda por anos sem esforço adicional.

Se quiser potencializar seus resultados, combine as três estratégias:

YouTube para vídeos educativos e duradouros
Instagram para engajamento diário
SEO para tráfego passivo de longo prazo

Uma pessoa pode ver seu Reel no Instagram, clicar no link da bio, ler seu blog e assistir a um vídeo no YouTube antes de decidir comprar — tudo no mesmo dia. Quanto mais pontos de contato você criar, maior será a confiança e a conversão.

Resumo das estratégias:

Use YouTube para tutoriais, reviews e comparações
Use Instagram para Reels rápidos, carrosséis e bastidores
Use SEO e blogs para construir autoridade e tráfego passivo
Inclua sempre chamadas claras para ação e seus links de afiliado
Consistência + clareza = resultados acumulativos

No próximo capítulo, vamos explorar o marketing por e-mail e como automatizar acompanhamentos, construir confiança em escala e aumentar suas vendas de afiliados — mesmo enquanto você dorme.

A jornada de Maya

Maya nunca imaginou que se tornaria uma influenciadora — muito menos alguém que ganharia comissões promovendo ferramentas tecnológicas. Ela era uma redatora freelancer em Nairobi que adorava duas coisas: escrever e simplificar ideias complexas.

Quando ferramentas de IA como Jasper e Copy.ai começaram a ganhar popularidade, ela foi uma das primeiras em seu círculo a testá-las. Não porque queria vender algo — mas porque realmente queria escrever mais rápido.

O que começou como curiosidade virou um negócio quando ela percebeu que as pessoas não queriam apenas ferramentas — queriam alguém que explicasse como usá-las.

Ela começou pelo YouTube. Não com vídeos sofisticados, mas com gravações simples de tela e um microfone USB. Seu primeiro vídeo se chamava:

"Como escrevo e-mails para clientes em 5 minutos usando Jasper."

Ela mostrou todo o processo: escrever o prompt, gerar o texto e editar ao vivo. O áudio tinha ruído de fundo e sua apresentação era casual. Mas o conteúdo era sólido.

Ela colocou seu link de afiliado na descrição e disse:

"Se quiser testar, deixei o link abaixo."

O vídeo teve apenas 237 visualizações no primeiro mês. Mas três dessas pessoas se inscreveram pelo link dela — e continuaram assinantes.

Depois ela começou a usar o Instagram. Não queria dançar em Reels, então criou micro tutoriais rápidos — gravações de tela de 15 segundos com legendas como:

“Ferramenta de IA que transforma blogs em vídeos para YouTube.”

Esses vídeos eram fáceis de fazer e começaram a ser compartilhados por outros freelancers. Um de seus carrosséis chamado “Top 5 Ferramentas de IA para Escritores” teve mais de 1.000 salvamentos.

Ela começou a receber mensagens perguntando:

“Qual você recomenda?”

Ela respondia com dicas personalizadas e o link na bio.

Nada extravagante — mas funcionava.

A maior surpresa veio com seu blog. Ela já escrevia casualmente no Medium sobre trabalho freelance. Um dia publicou um artigo chamado:

“Como economizei 20 horas este mês usando ferramentas de IA.”

Ela listou as ferramentas que usava com pequenas reviews e links de afiliado. Em 30 dias, esse único artigo gerou 216 dólares em comissões.

Foi aí que ela percebeu o poder do SEO.

O artigo continuava recebendo cliques enquanto ela trabalhava em projetos freelance.

Ela então criou um blog simples no WordPress e começou a publicar um artigo otimizado por semana. Focou em comparações como:

Jasper vs Copy.ai para freelancers
Melhores ferramentas de IA para solopreneurs em 2025

Ela adicionava capturas de tela, usava títulos com palavras-chave e inseria seus links naturalmente.

Seu tráfego ainda era pequeno — mas altamente qualificado. As pessoas que chegavam já estavam procurando soluções.

O que diferenciava Maya não era o volume de conteúdo, mas sua consistência.

Toda semana ela publicava:

Um Reel no Instagram
Um artigo no blog
Um vídeo no YouTube

Alguns conteúdos falhavam. Outros cresciam lentamente. Mas com o tempo, os resultados se acumularam.

Seu Linktree passou a receber centenas de cliques por semana. Seu blog começou a aparecer na primeira página do Google para algumas buscas. Seu canal no YouTube ganhou um público pequeno, porém fiel.

No oitavo mês, Maya já ganhava mais com comissões de afiliados do que com clientes freelance — tudo sem rodar anúncios.

Ela construiu tudo com conteúdo, educação e estando apenas alguns passos à frente do seu público.

Hoje, Maya ensina criadores e empreendedores individuais a fazer o mesmo. Seu método é simples:

Ensinar
Mostrar
Compartilhar
Repetir

Se uma ferramenta resolve um problema real, inclua seu link.

É assim que a confiança se constrói — e as comissões crescem.

Capítulo 7: Automatizando Comissões com Email Marketing

Se o conteúdo é o motor que impulsiona a renda com afiliados, então o email marketing é o combustível que mantém esse motor funcionando muito tempo depois que o conteúdo foi publicado. O e-mail não serve apenas para newsletters — ele é uma das ferramentas mais poderosas para transformar cliques em conversões e visitantes ocasionais em compradores recorrentes. Com uma sequência de e-mails bem estruturada, você pode automatizar a educação, construir confiança e promover várias ferramentas de IA — tudo enquanto dorme.

O poder do e-mail está na propriedade. As plataformas de redes sociais podem mudar algoritmos, limitar seu alcance ou até bloquear contas a qualquer momento. Mas sua lista de e-mails é sua. Quando alguém fornece seu endereço de e-mail, você tem uma linha direta de comunicação que nenhuma plataforma pode tirar de você. Por isso, construir sua lista desde cedo — mesmo que seja pequena — oferece uma grande vantagem. Cada inscrito pode se tornar uma comissão, um depoimento ou um cliente de longo prazo.

Então, como começar?

Primeiro, você precisa de um lead magnet — um conteúdo gratuito que resolva um problema específico e dê às pessoas um motivo para se inscreverem na sua lista. Para ferramentas de IA, bons exemplos de lead magnets incluem:

Checklists: "Top 5 Ferramentas de IA para Criadores de Cursos"
Mini cursos: "Aprenda Automação de Conteúdo com IA em 3 Dias"
Guias de workflow: "Minha Rotina Diária de IA para Criar Renda Passiva"

Crie o material uma vez e depois configure uma página de captura usando ferramentas como Systeme.io, ConvertKit, Carrd ou MailerLite. Coloque o link de inscrição nas descrições do YouTube, na bio do Instagram, em artigos de blog e em qualquer lugar onde você gere tráfego.

Quando alguém se inscrever, deve receber automaticamente uma sequência de boas-vindas. Essa sequência geralmente contém entre três e sete e-mails que entregam o material prometido, apresentam você e ensinam como usar as ferramentas que você promove.

Um exemplo simples de estrutura:

Email 1 – Entrega + agradecimento

“Aqui está seu guia gratuito. Nos próximos dias vou mostrar como usar essas ferramentas para economizar horas de trabalho e crescer seu negócio.”

Email 2 – Análise da ferramenta principal

Explique sua ferramenta favorita e como você a usa diariamente. Inclua exemplos, imagens e seu link de afiliado.

Email 3 – História de resultados

Compartilhe um resultado pessoal ou depoimento de alguém que usou a ferramenta.

Email 4 – Comparação ou bônus

Compare duas ferramentas ou ofereça um bônus para quem se cadastrar pelo seu link.

Email 5 – Chamada final para ação

Relembre os benefícios e incentive o leitor a testar a ferramenta.

Cada e-mail deve parecer pessoal, útil e conversacional. Evite parecer um vendedor agressivo. O tom ideal é algo como:

“Isso funcionou para mim e acredito que pode funcionar para você também.”

Use parágrafos curtos, destaque frases importantes e inclua apenas uma chamada principal para ação por e-mail. Seus links de afiliado devem estar visíveis, mas naturais. Você pode usar botões ou links como:

“Comece seu teste gratuito aqui.”

Para melhorar ainda mais os resultados, segmente sua audiência por interesse. Se alguém entrou na sua lista através de um guia sobre “IA para criadores de conteúdo”, não envie e-mails sobre ferramentas para corretores imobiliários. Conteúdo relevante aumenta muito as taxas de clique. A maioria das plataformas de e-mail permite marcar usuários com tags baseadas na origem ou interesse.

Sua lista de e-mails também pode receber atualizações semanais. Uma newsletter simples pode incluir:

Ferramenta da semana
Dica rápida de IA
Bastidores: como usei IA hoje

Isso mantém seu público engajado e pronto para agir quando você apresentar novas ferramentas ou promoções.

Se quiser promover várias ferramentas sem sobrecarregar seu público, use micro sequências. Por exemplo, se alguém clicar em um link para aprender sobre Pictory, você pode marcá-lo e iniciar uma sequência de três e-mails mostrando como usar essa ferramenta para criar vídeos automaticamente. Se a pessoa não converter, você pode enviar depois um e-mail como:

"Por que comecei a usar esta outra ferramenta em vez da anterior."

Isso mantém suas recomendações relevantes e dinâmicas.

Para avaliar seus resultados, acompanhe métricas importantes:

Taxa de abertura: ideal entre 30% e 50%
Taxa de cliques: ideal entre 5% e 15%
Taxa de conversão: até 2% ou 3% já é excelente
Taxa de cancelamento: ideal abaixo de 1%

Se poucas pessoas abrem seus e-mails, teste novos títulos. Se poucos clicam, ajuste a estrutura do e-mail e a posição da chamada para ação. Se as conversões forem baixas, reavalie a oferta ou a página da ferramenta.

Lembre-se: email marketing não é apenas sobre links — é sobre liderança. Seus inscritos esperam que você os ajude a tomar decisões melhores. Se você consistentemente os ajuda a economizar tempo, ganhar dinheiro ou aprender algo útil, eles confiarão nas suas recomendações.

O e-mail permite construir confiança em escala. Um único e-mail bem escrito pode gerar dezenas de cadastros. Uma sequência bem estruturada pode funcionar por anos. E o melhor: você cria uma vez e deixa funcionando enquanto continua produzindo conteúdo e aumentando seu tráfego.

No próximo capítulo, veremos como revender ferramentas de IA como parceiro white label — levando seu negócio de afiliados para um modelo mais próximo de uma agência digital.

A história de Jonah

Jonah nunca se considerou uma pessoa tecnológica. Ex-proprietário de uma academia em Atlanta, ele teve que mudar completamente de carreira quando a pandemia o obrigou a fechar o negócio. Sem clientes e sem renda, começou a estudar marketing de afiliados.

Ele viu pessoas ganhando dinheiro recomendando equipamentos de fitness, suplementos e livros. Mas um dia encontrou um vídeo no YouTube chamado:

"Ganhe renda recorrente promovendo ferramentas de IA."

Algo fez sentido imediatamente. Jonah não era um especialista em tecnologia, mas tinha uma habilidade: explicar coisas complexas de forma simples.

Ele começou no Instagram, compartilhando dicas sobre como usava Jasper para escrever planos de treino e Pictory para transformar artigos em vídeos curtos de exercícios.

As pessoas começaram a pedir links.

Ele se inscreveu em programas de afiliados, colocou os links na bio e começou a ganhar pequenas comissões.

Funcionava — mas não era previsível.

Algumas semanas ele ganhava 200 dólares. Em outras, apenas 40.

Isso o incomodava.

Então alguém em um grupo do Facebook disse:

"Você precisa de uma lista de e-mails."

Jonah achava que listas de e-mail eram apenas para startups ou grandes empresas. Mesmo assim decidiu tentar.

Criou um material gratuito chamado:

"5 Ferramentas de IA que Me Ajudaram a Reconstruir Meu Negócio."

Era um PDF simples com os nomes das ferramentas, uma pequena descrição e seus links de afiliado.

Usando Systeme.io, criou uma página chamada:

“Receba Meu Guia de IA – Gratuito.”

Ele colocou o link na bio e fixou em seus vídeos.

Em uma semana, 43 pessoas se inscreveram.

Ele não sabia o que fazer depois, então escreveu e-mails como se estivesse conversando pessoalmente.

O primeiro e-mail dizia:

“Olá, aqui é o Jonah. Obrigado por baixar o guia. Essas ferramentas mudaram minha vida. Nos próximos dias vou mostrar como uso cada uma delas — começando pela minha favorita: Jasper.”

No e-mail havia um botão grande:

“Testar Jasper gratuitamente.”

Nos e-mails seguintes ele contou sua história. Explicou como usava Pictory para transformar artigos em vídeos curtos e como criou um lead magnet usando ChatGPT.

Ele não tentou ser sofisticado. Apenas falou como um amigo.

E algo incrível aconteceu.

As pessoas abriram os e-mails.
Responderam.
Clicaram.

Na segunda semana ele ganhou 384 dólares em comissões.

Mais importante: era consistente.

Cada novo inscrito recebia a mesma sequência. Cada e-mail funcionava como um pequeno vendedor automático.

Ele expandiu o sistema.

Adicionou pop-ups no blog.
Ofereceu bônus: "Se você usar meu link do Jasper, envio minha biblioteca de prompts."

As inscrições triplicaram.

Ele começou a marcar pessoas por interesse e enviar conteúdos específicos para cada grupo.

Agora, sempre que criava conteúdo — um Reel, um vídeo no YouTube ou um artigo — ele também convidava as pessoas para sua lista.

Seu funil de e-mail fazia o resto.

Sua sequência chamada "AI Automation Playbook" tinha sete e-mails, cada um oferecendo valor e terminando com uma chamada clara para ação.

No quarto mês, sua lista ultrapassou 2.000 inscritos.

Mesmo sem publicar novos conteúdos, ele continuava ganhando entre 600 e 1.200 dólares por mês.

Em um de seus melhores meses, um único e-mail sobre um desconto do Jasper gerou 1.007 dólares em apenas 72 horas.

Ele não criou nada novo — apenas escreveu um e-mail honesto para pessoas que confiavam nele.

Jonah transformou comissões inconsistentes em renda previsível ao fazer uma coisa simples: automatizar confiança.

Seus e-mails não eram anúncios. Eram histórias, dicas e resultados.

Cada mensagem tinha um objetivo claro e ele respondia pessoalmente às respostas dos leitores.

Hoje, Jonah tem tranquilidade.

Cada novo inscrito não é apenas um número — é o início de um relacionamento baseado em valor, honestidade e uma ideia simples:

Se algo funcionou para Jonah, talvez também funcione para eles.

Capítulo 8: Como Revender Ferramentas de IA como Parceiro White Label

Embora o marketing de afiliados seja uma maneira poderosa de ganhar renda passiva promovendo ferramentas de IA existentes, existe uma estratégia de nível superior que oferece mais controle, mais branding e lucros significativamente maiores: o modelo white label. Esse modelo permite que você revenda softwares de IA como se fossem seus próprios produtos — muitas vezes com as mesmas funcionalidades e tecnologia — mas com seu próprio nome, logotipo e estrutura de preços. É assim que você deixa de apenas recomendar ferramentas e passa a possuir o relacionamento com o cliente.

Mas afinal, o que é white label?

Um produto white label é desenvolvido por uma empresa e reembalado e vendido por outra com uma marca diferente. No setor de IA, isso geralmente inclui chatbots, geradores de conteúdo, plataformas de geração de leads ou sistemas automatizados de CRM. Em vez de construir um software do zero, você licencia a tecnologia de um fornecedor, aplica sua própria marca e cobra diretamente dos clientes. A diferença entre o que você paga e o que cobra se torna seu lucro — muitas vezes com receita recorrente mensal.

O maior benefício do white labeling é a margem de lucro. Como afiliado, você pode ganhar 30% de uma assinatura de 50 dólares por mês — ou seja, 15 dólares por usuário. Mas com uma versão white label, você pode cobrar 49 dólares por mês e ficar com 39 a 45 dólares, dependendo do acordo com o fornecedor. Com o tempo, isso cria um teto de renda muito mais alto. Além disso, você controla totalmente a experiência do cliente, upsells, bônus e planos de preço.

Para começar, você precisa encontrar uma ferramenta de IA que ofereça plano white label ou de revendedor. Algumas plataformas populares incluem:

GoHighLevel – Plataforma completa de automação de marketing e CRM com integrações de IA; muito usada por agências digitais e consultores.

Chatbase – Permite criar chatbots de IA treinados com dados personalizados; a versão white label permite aplicar sua marca no sistema.

Writesonic (Botsonic) – Criador de chatbots com IA e ferramentas de copywriting com opções de branding.

Tidio ou ManyChat – Ferramentas de chatbot e automação de atendimento com opções de revenda.

Creaitor.ai ou CopyPro.ai – Geradores de conteúdo com IA que podem ser revendidos com sua marca.

Durable.co – Criador de sites com IA que algumas agências revendem em pacotes.

CustomGPT.ai – Plataforma para criar assistentes de IA personalizados com marca própria.

Ao escolher uma ferramenta para white label, considere três fatores principais:

Demanda de mercado – A ferramenta resolve um problema real para um público específico?

Facilidade de uso – Seus clientes conseguem usar a ferramenta sem treinamento complexo?

Suporte e estabilidade – A empresa oferece suporte rápido e infraestrutura confiável?

Depois de escolher a plataforma, normalmente você pagará uma taxa mensal de revendedor. Essa taxa pode variar de 49 a 497 dólares por mês, dependendo da plataforma e dos recursos disponíveis. Em troca, você terá acesso a um painel onde poderá criar contas para usuários, aplicar seu logotipo e domínio e personalizar a interface para clientes. Algumas plataformas permitem até mascaramento completo de domínio — de modo que seus clientes nunca saibam que estão usando tecnologia de outra empresa.

Para vender sua ferramenta white label, trate-a como se fosse seu próprio negócio SaaS. Crie uma landing page explicando:

Qual problema a ferramenta resolve
Quais recursos estão incluídos
Para quem ela é indicada

Use demonstrações, depoimentos e vídeos explicativos. Ofereça testes gratuitos ou descontos no primeiro mês. Lembre-se de que você não está vendendo software — está vendendo resultados. As pessoas não se importam com “integração GPT-4”. Elas se importam com a possibilidade de escrever artigos em minutos ou fechar mais clientes com follow-ups automáticos.

Você também pode aumentar o valor da oferta combinando o software com serviços. Por exemplo:

Se revender um criador de chatbot, ofereça criar o primeiro chatbot gratuitamente.

Se revender um gerador de conteúdo com IA, inclua templates prontos.

Se atender coaches, corretores ou profissionais de fitness, adapte o posicionamento da ferramenta para o setor deles.

Essa personalização é o que diferencia sua oferta.

O marketing do seu produto white label pode seguir as mesmas estratégias apresentadas neste livro:

Vídeos curtos mostrando a ferramenta em ação
Artigos comparando sua versão com concorrentes
Sequências de e-mail oferecendo bônus ou configuração gratuita
Anúncios pagos focados em problemas específicos do seu público

Com o tempo, esse modelo cria benefícios acumulativos: renda recorrente, controle total da marca e a possibilidade de transformar sua operação em um verdadeiro ecossistema de produtos digitais. E tudo isso utilizando infraestrutura de IA já existente — apenas reembalada sob sua marca.

Alguns programas white label também oferecem licenças multiusuário ou planos para equipes, permitindo que você venda para agências, empresas ou até outros revendedores. Você pode até criar seu próprio programa de afiliados para sua ferramenta white label, transformando-se na "empresa de software" — sem escrever uma única linha de código.

Em resumo, o modelo white label permite que você:

Venda ferramentas de IA com seu próprio nome e domínio
Fique com uma parcela maior da receita recorrente
Controle preços, bônus, onboarding e suporte
Atenda nichos específicos de forma mais eficaz
Escale de afiliado para fundador sem precisar programar

No próximo capítulo, veremos como escalar seu negócio de afiliados e white label para seis dígitos usando parcerias estratégicas, tráfego pago e ofertas de upsell.

A incrível história de Leah

Leah trabalhou como freelancer durante anos — escrevendo blogs, gerenciando redes sociais e criando funis de marketing para empresas locais perto de Brisbane. Ela era boa no que fazia, mas as horas eram exaustivas. Projetos vinham e iam, clientes sempre tentavam reduzir preços e ela precisava trabalhar constantemente apenas para manter a mesma renda.

Ela queria alavancagem. Queria renda recorrente. Mas não queria construir uma empresa SaaS do zero.

Foi então que descobriu o conceito de white label.

Tudo começou com uma ferramenta chamada Chatbase. Leah a utilizou para criar um chatbot treinado com o site de um cliente. O cliente adorou.

"Você pode fazer um igual, mas com nosso logotipo?" ele perguntou.

Essa pergunta plantou uma ideia.

Leah entrou em contato com a Chatbase e descobriu que eles ofereciam um plano white label. Pagando uma taxa mensal, ela poderia oferecer toda a plataforma com sua própria marca, logotipo e domínio.

Para o cliente final, parecia que ela havia criado o software.

Ela decidiu tentar.

Chamou o produto de **SmartAssistant Pro** e criou uma landing page simples usando Systeme.io. Em vez de vender "software de chatbot", ela posicionou a ferramenta como um gerador de leads 24 horas para pequenas empresas.

Sua mensagem era simples:

"Transforme seu site em um vendedor automático."

Ela ofereceu configuração gratuita para os primeiros dez clientes e cobrou 39 dólares por mês depois disso. A plataforma custava 97 dólares mensais para ela. Com apenas três clientes, já estava no lucro.

No primeiro mês, conseguiu doze.

Os clientes adoraram.

E, mais importante, Leah agora possuía o relacionamento com o cliente. Ela podia vender serviços adicionais como criação de conteúdo, auditoria de funis e automação de e-mail.

A ferramenta white label não era apenas um produto — era uma porta de entrada.

Ela percebeu que podia repetir o modelo.

Encontrou outro software — um assistente de escrita com IA que também oferecia white label. Ela o chamou de **AutoCopy Pro** e incluiu templates prontos para e-mail marketing e blogs.

Dessa vez, focou em criadores de cursos e coaches. Criou uma sequência de cinco e-mails oferecendo teste gratuito e compartilhou em grupos do Facebook e na sua lista.

Em uma semana, conseguiu cinco clientes.

O software custava 49 dólares por mês. Ela cobrava 29 dólares por usuário.

Cinco clientes já geravam 145 dólares de lucro mensal.

Sua rotina mudou completamente.

Em vez de correr atrás de novos clientes, ela passou a focar em melhorar o onboarding, criar guias de uso e desenvolver bônus para clientes.

Ela ainda fazia freelancing, mas agora era opcional.

À medida que sua base de clientes cresceu, ela adicionou links de afiliados para ferramentas complementares. No painel do **SmartAssistant Pro**, criou uma aba chamada "Ferramentas Recomendadas", cada uma com seu link de afiliado.

Seus clientes confiavam nas recomendações — e clicavam.

Sua renda agora vinha de duas fontes:

Assinaturas mensais
Comissões de afiliados

Ambas recorrentes.

Seis meses depois, Leah tinha mais de 70 usuários pagantes em suas plataformas white label. Em um mês, ela passou a ganhar mais do que antes ganhava em um trimestre inteiro.

E grande parte da renda vinha de sistemas que ela havia configurado apenas uma vez.

Ela contratou uma assistente virtual para lidar com suporte e passou a focar em crescimento e estratégia.

Leah não inventou tecnologia. Não escreveu código.

Ela simplesmente percebeu que poderia transformar ferramentas poderosas de IA em produtos com uma marca confiável.

Essa combinação de confiança, branding inteligente e automação permitiu que ela escalasse sem estresse.

O que começou com um único cliente de chatbot se transformou em um ecossistema de produtos digitais — todos white label, todos recorrentes e todos sob seu controle.

Capítulo 9: Escalando para Seis Dígitos com Anúncios Pagos e Parcerias

Depois que você valida seu funil de afiliados ou sua oferta de white label, a próxima pergunta é como escalá-la. Você já construiu o motor — agora é hora de colocar combustível. Existem duas maneiras principais de escalar para seis dígitos ou mais: anúncios pagos e parcerias estratégicas. Quando bem executadas, ambas as abordagens podem gerar um crescimento explosivo mantendo a lucratividade e a automação.

Vamos começar com os anúncios pagos. Embora o crescimento orgânico seja poderoso, ele pode ser lento e imprevisível. A publicidade paga oferece controle — sobre quem vê seu conteúdo, quando e com que frequência. Você pode direcionar tráfego altamente segmentado para suas ofertas de afiliados, páginas de captura e funis de e-mail em grande escala e, em alguns casos, ver resultados em poucas horas. Mas para que funcione, você precisa tratar anúncios como um investimento, não como uma aposta.

As plataformas que costumam ter melhor desempenho para promoções de afiliados e ferramentas no estilo SaaS são YouTube Ads, Meta Ads (Facebook e Instagram) e Google Search Ads. Comece identificando seu cliente ideal. São criadores de cursos, corretores de imóveis, donos de pequenas empresas, freelancers ou criadores de conteúdo? Quando você entende quem mais se beneficia da ferramenta, pode direcionar seus anúncios com muito mais precisão.

Nos anúncios da Meta, você pode segmentar interesses como email marketing, empreendedorismo digital, ferramentas de IA, automação de marketing ou até ferramentas específicas como Jasper AI ou ChatGPT. Com o Google Ads, você pode alcançar pessoas que estão pesquisando ativamente palavras-chave como "melhor ferramenta de escrita com IA", "gerador de voz com IA" ou "como automatizar criação de conteúdo". Os anúncios do YouTube permitem colocar seu vídeo na frente de pessoas que já estão assistindo conteúdos relacionados.

A regra mais importante ao criar anúncios é: valor primeiro. Não comece com um pitch de venda. Comece com um problema que seu público reconhece.

Por exemplo:

"Ainda está passando horas escrevendo posts de blog?"
"Quer transformar um artigo em cinco conteúdos diferentes?"
"Veja como eu automatizo minha criação de conteúdo com IA em menos de 3 minutos."

Seu anúncio deve levar a algo útil — um guia gratuito, um mini-curso ou uma demonstração. Isso é importante porque muitas plataformas não permitem links de afiliado diretos em anúncios. Em vez disso, envie o tráfego para uma landing page onde você entrega valor e coleta e-mails. Depois, seu funil pode apresentar as ferramentas de forma natural.

Comece com um orçamento pequeno. Mesmo US$5 a US$20 por dia já podem gerar dados valiosos. Teste diferentes títulos, thumbnails e ganchos de vídeo. Use links UTM e ferramentas de análise para saber quais anúncios estão gerando leads e vendas.

Se você gastar US$10 para adquirir um lead e sua comissão média por lead for US$30 ao longo do tempo, você tem um funil lucrativo. Nesse ponto, escalar se torna simples: aumente o orçamento.

Mas se a matemática não fechar, não entre em pânico. Ajuste a mensagem, a landing page ou a segmentação do público. Anúncios pagos não são sobre adivinhar — são sobre testar e otimizar.

Agora vamos falar sobre parcerias, uma das formas mais rápidas e menos exploradas de crescer um negócio de afiliados ou white label.

Uma parceria significa colaborar com alguém que já tem o público que você deseja alcançar. Pode ser um YouTuber, autor de newsletter, podcaster, blogueiro, dono de comunidade ou criador de cursos. Em vez de construir uma audiência do zero, você aproveita a confiança que outra pessoa já construiu.

Existem vários tipos poderosos de parcerias.

Trocas de afiliados são colaborações simples em que você promove o produto de alguém e essa pessoa promove o seu.

Treinamentos como convidado permitem que você ensine uma pequena aula dentro da comunidade de outro criador. Durante o treinamento, você demonstra naturalmente as ferramentas de IA que utiliza.

Menções em newsletters patrocinadas permitem pagar uma taxa fixa para aparecer em uma newsletter que já alcança seu público ideal.

Bundles permitem que você contribua com um guia, template ou mini-curso junto com outros criadores. Em troca, você ganha exposição e novos leads.

Webinars de joint venture permitem que você coapresente um treinamento ao vivo com um parceiro, enquanto ambos promovem o evento para suas audiências.

A chave para parcerias bem-sucedidas é facilitar a vida do parceiro. Forneça materiais prontos como textos de e-mail, demos em vídeo, páginas de captura e gráficos promocionais. Quanto mais fácil for para eles compartilharem sua oferta, maior a chance de aceitarem.

Uma estratégia poderosa é focar em microinfluenciadores. São criadores com audiências menores — geralmente entre 1.000 e 10.000 seguidores — mas comunidades altamente engajadas. Essas audiências confiam profundamente neles, e suas recomendações costumam converter melhor do que as de grandes influenciadores.

Crie uma lista de possíveis parceiros e entre em contato com uma mensagem genuína. Comece com apreciação e valor.

Por exemplo:

"Adorei seu vídeo recente sobre ferramentas de produtividade com IA. Eu criei um workflow simples que ajuda freelancers a automatizar criação de conteúdo. Adoraria colaborar em um tutorial ou compartilhar um guia gratuito com sua audiência."

A maioria das parcerias começa com conversas simples. Com o tempo, algumas dessas relações podem se transformar em colaborações de longo prazo.

Outra estratégia poderosa de escala é aumentar o valor por cliente. Em vez de ganhar apenas com uma recomendação de ferramenta, ofereça valor adicional por meio de upsells e cross-sells.

Por exemplo, se alguém se inscrever em uma ferramenta de escrita com IA, você pode oferecer:

Um pacote de templates de prompts
Um calendário de conteúdo
Um mini-curso
Um guia de automação de workflow
Uma sessão de consultoria

Mesmo pequenos upsells podem aumentar significativamente a lucratividade do seu funil e ajudar a compensar custos de publicidade.

À medida que seu negócio cresce, a automação se torna essencial. Ferramentas como Make.com ou Zapier podem enviar automaticamente leads de landing pages para seu sistema de email marketing. Pixels de retargeting da Meta e do Google permitem mostrar anúncios novamente para pessoas que visitaram sua página mas não se inscreveram. Páginas de agradecimento podem recomendar ferramentas ou bônus adicionais.

Esses pequenos sistemas funcionam silenciosamente nos bastidores, transformando tráfego em inscritos e inscritos em clientes pagantes.

Escalar não significa trabalhar mais. Significa multiplicar o que já funciona.

Publicidade paga traz velocidade.
Parcerias trazem alcance.
Automação traz alavancagem.

Juntas, essas estratégias permitem construir um negócio que cresce além dos limites do tráfego orgânico.

No capítulo final, vamos explorar como proteger sua renda digital no longo prazo, transformar seus esforços de afiliado em ativos duradouros e até vender ou licenciar seu sistema para obter lucros ainda maiores.

Como Carlos Chegou a Seis Dígitos

Carlos tinha atingido um teto.

Depois de meses construindo um sistema sólido de afiliados — vídeos no YouTube, uma landing page e um funil de e-mails — ele estava ganhando cerca de US$3.500 por mês promovendo ferramentas de IA. Era um bom dinheiro comparado ao que ganhava como redator freelancer, mas ainda não era suficiente para alcançar a liberdade que ele queria.

Ele percebeu que faltava uma coisa: escala.

Carlos começou a experimentar anúncios pagos. Em vez de arriscar grandes quantias de dinheiro, ele iniciou com pequenos testes. Seu funil com maior conversão oferecia um download gratuito chamado "50 Prompts de IA para Donos de Negócios", seguido por uma sequência de e-mails de cinco dias promovendo várias ferramentas de IA.

Ele criou um anúncio simples de 20 segundos mostrando como um único prompt de IA podia gerar um post de blog, uma legenda para redes sociais e um roteiro de vídeo. A mensagem era direta:

"Quer meu workflow exato de IA? Baixe grátis."

Ele rodou o anúncio no Facebook e Instagram com um orçamento de US$10 por dia, segmentando administradores de páginas de negócios e pessoas interessadas em marketing e empreendedorismo.

Em poucos dias, ele viu resultados. Seu custo por lead foi de cerca de US$1,67. Uma parte desses inscritos clicou nos links de afiliado dentro da sequência de e-mails. As comissões rapidamente cobriram o custo dos anúncios.

Animado, Carlos aumentou lentamente o orçamento e duplicou a campanha com novos lead magnets. Um promovia uma lista das "7 Melhores Ferramentas de IA para Solopreneurs". Outro oferecia um pequeno curso por e-mail sobre produtividade com IA.

Ao mesmo tempo, Carlos começou a construir parcerias.

Em vez de procurar grandes influenciadores, ele entrou em contato com criadores menores no nicho de IA e produtividade. Muitos deles tinham audiências pequenas, mas muito fiéis. Carlos ofereceu treinamentos gratuitos para suas comunidades e compartilhou bônus especiais para seus inscritos.

Vários aceitaram.

Carlos apareceu em newsletters, podcasts e pequenos canais do YouTube. Cada parceria apresentou seu funil para centenas de leads altamente qualificados. Sua lista de e-mails dobrou em poucos meses.

Conforme o tráfego cresceu, ele lançou uma ferramenta white label — uma plataforma de chatbot com IA para corretores de imóveis. Ele a chamou de "LeadBot AI" e passou a vendê-la por US$47 por mês.

Isso criou uma segunda fonte de receita recorrente.

No décimo mês online, Carlos já havia ultrapassado seis dígitos em ganhos totais vindos de três fontes:

Comissões de afiliados
Assinaturas de white label
Bônus e templates digitais

O que começou como um projeto paralelo em seu quarto se transformou em um negócio digital escalável.

Carlos percebeu que o sucesso não veio de conteúdo viral ou audiências gigantes. Veio de construir um sistema — e depois multiplicá-lo.

Ele escolheu ferramentas úteis.
Mostrou como usava essas ferramentas.
Criou funis que educavam as pessoas.
Depois amplificou o sistema com anúncios e parcerias.

Quando alguém pergunta como ele escalou tão rápido, Carlos responde de forma simples:

"Eu não corri atrás da internet. Eu apareci onde meu público já estava — e ajudei eles a resolver problemas."

Capítulo 10: Estratégias de Renda de Longo Prazo e Planejamento de Saída

Construir fluxos de renda como afiliado e white label usando ferramentas de IA é uma excelente maneira de gerar fluxo de caixa — mas a verdadeira riqueza vem da criação de ativos de longo prazo que aumentam de valor, não apenas dos ganhos imediatos. Neste capítulo final, vamos explorar como transformar seu conteúdo de afiliado, funis e parcerias em uma renda sustentável por muitos anos, e como vender ou licenciar seu negócio quando chegar o momento certo.

A primeira mudança de mentalidade que você precisa fazer é a seguinte: você não é apenas um criador de conteúdo ou afiliado — você está construindo um portfólio digital de ativos. Esses ativos incluem sua lista de e-mails, seu blog ou site, suas contas de SaaS white label, seus produtos educacionais (como mini-cursos ou templates) e seus relacionamentos com parceiros e plataformas. Trate cada um deles como uma propriedade que você possui — melhore, otimize e aumente seu valor ao longo do tempo.

Uma das maneiras mais fáceis de proteger sua renda de afiliado no longo prazo é através de conteúdo evergreen. Em vez de correr atrás de tendências constantemente, concentre-se em criar tutoriais, análises e páginas de comparação que se posicionem bem nos mecanismos de busca e respondam a perguntas que sempre existirão. Esses conteúdos se tornam fontes de tráfego passivo que continuam gerando cliques e comissões mesmo que você pare de publicar por algum tempo. Atualize esses conteúdos regularmente com novas capturas de tela, recursos atualizados ou links de afiliado melhorados para mantê-los relevantes.

Outra estratégia importante é a diversificação. Não dependa de apenas uma plataforma, fonte de tráfego ou programa de afiliados. Se todas as suas comissões vierem de uma única ferramenta de IA e essa empresa mudar suas regras, sua renda pode cair da noite para o dia. Espalhe seu risco promovendo de 3 a 5 ferramentas de alta qualidade em diferentes categorias (escrita, vídeo, voz, automação) e criando conteúdo em várias plataformas — YouTube, Instagram, Medium, LinkedIn, seu blog e e-mail. Isso reduz a volatilidade e aumenta suas oportunidades de crescimento.

Em seguida, considere transformar seu conhecimento em produtos. Com o tempo, você naturalmente se tornará uma autoridade em determinadas ferramentas ou estratégias. Empacote esse conhecimento em produtos digitais — como um pacote de templates no Notion, uma biblioteca de prompts de IA, um desafio de 7 dias ou um curso curto sobre como criar funis com IA. Você pode vender esses produtos diretamente ou usá-los como lead magnets para atrair ainda mais clientes para seus links de afiliado ou plataformas SaaS. A chave aqui é propriedade — quanto mais valor você cria e controla, mais alavancagem você tem.

Agora vamos falar sobre estratégias de saída. Se você construiu um blog, canal no YouTube, lista de e-mails ou SaaS white label que gera receita consistente, pode chegar um momento em que você queira vender esse ativo. Plataformas como Flippa, MicroAcquire e Empire Flippers permitem listar negócios digitais à venda. Os compradores procuram ativos que já geram renda, têm histórico de tráfego e uma marca organizada.

Para se preparar para uma possível venda:

Mantenha registros detalhados de tráfego, renda e despesas.
Use Google Analytics, dashboards de afiliados e relatórios do Stripe ou PayPal para acompanhar a receita.
Organize seus ativos: calendários de conteúdo, automações, lead magnets e sequências de e-mail.
Certifique-se de que tudo possa ser transferido: use marca neutra, domínios claros e ferramentas portáteis.
Construa sistemas para que o próximo dono não dependa da sua personalidade para operar o negócio.

Mesmo que você nunca venda, essa disciplina obriga você a construir um negócio real, não apenas um "bico" digital. E compradores costumam pagar entre 24 e 48 vezes o lucro mensal — o que significa que um negócio de afiliados que gera US$3.000 por mês poderia ser vendido por US$72.000 a US$144.000.

Outra opção poderosa de longo prazo é o licenciamento. Se você criou conteúdo educacional valioso, frameworks ou templates, considere licenciá-los para coaches, agências ou empresas de software. Por exemplo, se você criou uma ferramenta de IA white label para corretores de imóveis, pode licenciar essa configuração (marca + onboarding + templates) para outros corretores ou imobiliárias por uma taxa fixa ou royalties mensais. Isso transforma seu conhecimento em renda sem exigir trabalho adicional.

Para manter sua renda crescendo, invista na construção de comunidade e marca. Considere criar um grupo gratuito no Facebook, um servidor no Discord ou uma newsletter onde você compartilha regularmente ferramentas, resultados e dicas. Isso fortalece seu relacionamento com a audiência e aumenta retenção, potencial de upsell e recomendações. Comunidades são difíceis de copiar — o que torna sua marca mais valiosa e defensável.

Por fim, reinvista sempre parte dos seus lucros — em softwares, ferramentas, cursos, mentoria ou suporte de equipe. A forma mais rápida de estagnar é tentar fazer tudo sozinho. Mesmo contratar um assistente virtual para reaproveitar seu conteúdo ou configurar automações de e-mail pode dobrar sua produtividade com um custo mínimo.

Aqui está um checklist de longo prazo para transformar seu sucesso atual em um ativo permanente:

Construa conteúdo evergreen otimizado para SEO
Promova um portfólio de ferramentas, não apenas uma
Transforme seus sistemas em templates ou mini-cursos
Organize seus ativos para possível venda ou licenciamento
Engaje sua audiência através de comunidade ou newsletters
Delegue tarefas operacionais para liberar seu tempo
Atualize conteúdos e ofertas regularmente
Acompanhe métricas de desempenho mensalmente

Seu negócio de afiliado ou revenda de SaaS não precisa permanecer pequeno. Com intenção, sistemas e visão de longo prazo, você pode transformá-lo em um império digital de seis ou sete dígitos — ou vendê-lo e começar novamente, mais rápido e mais inteligente.

No capítulo final de história, conheceremos alguém que fez exatamente isso: transformou um funil de afiliados em um negócio em tempo integral, licenciou seu conteúdo e eventualmente vendeu tudo por um valor que mudou sua vida.

A saída de Nina

Nina nunca tentou construir algo grande. Pelo menos não no começo. Ela era uma mãe que ficava em casa em Toronto e começou a compartilhar dicas de IA em seu blog durante as sonecas dos filhos. O que começou como curiosidade — ajudar outras pessoas a escrever e-mails melhores usando Jasper — lentamente se transformou em uma renda extra. Depois em uma renda consistente. E finalmente em algo muito maior: um sistema. Mas o que fez Nina se destacar não foi a velocidade com que cresceu. Foi a inteligência com que jogou o jogo de longo prazo.

Desde o início, ela focou em conteúdo evergreen. Seu primeiro post, "Principais Ferramentas de IA para Mães Ocupadas que Querem Criar Negócios Online", trouxe tráfego todos os meses durante dois anos. Ela o atualizava regularmente, testava novas ferramentas e acompanhava os resultados. Quando o Jasper mudou sua interface, ela atualizou as capturas de tela. Quando o Pictory adicionou novos recursos, ela gravou um novo tutorial. Seu objetivo era simples: tornar cada conteúdo útil e atemporal — mesmo que alguém o lesse um ano depois.

Mas Nina não parou nos blogs. Ela reuniu seus templates favoritos de prompts em um PDF para download, ofereceu em troca de e-mails e criou uma sequência automatizada de cinco e-mails. Esse funil sozinho gerava mais de US$2.500 por mês em comissões de afiliados — e ela o construiu apenas uma vez. Mais tarde, adicionou um mini-curso chamado "Produtividade com IA para Solopreneurs". Era apenas 45 minutos de gravações de tela e checklists. Ela vendia por US$27 e incluía suas ferramentas favoritas — cada uma com seus links de afiliado. Inteligente. Simples. Escalável.

À medida que seus sistemas cresceram, Nina começou a pensar maior. Parou de se chamar de "blogueira" e começou a pensar como dona de um negócio. Ela acompanhava cada dólar, documentava seus funis e criava SOPs para reaproveitamento de conteúdo. Contratou uma assistente virtual por 10 horas semanais para agendar e-mails, atualizar links e responder clientes. Isso liberou seu tempo para fazer o que mais gostava: ensinar.

Com o tempo, ela criou uma pequena comunidade de mulheres que usavam IA para gerar renda extra. Lançou um grupo privado no Telegram, realizou sessões mensais de perguntas e respostas e enviava uma newsletter semanal. Sua lista cresceu para mais de 5.000 inscritos — altamente segmentados, engajados e confiando em suas recomendações.

Foi quando começaram a pedir para licenciar seu mini-curso e seus templates de e-mail.

Seu primeiro acordo de licenciamento veio de um coach de negócios digitais. Ele queria oferecer o funil de e-mails de IA de Nina para seus alunos. Eles negociaram uma taxa de licenciamento de US$1.500 mais US$20 por usuário. Logo outros seguiram o mesmo caminho. No terceiro ano, Nina estava ganhando entre US$7.000 e US$10.000 por mês — e apenas metade disso vinha de links de afiliados. O resto vinha de licenciamento de conteúdo, venda de uma versão white label de um chatbot e produtos digitais de baixo custo.

Então veio a proposta.

Uma empresa de educação que ensinava estratégias de renda remota entrou em contato. Eles adoraram seu conteúdo, sua audiência e ofereceram comprar seu blog, lista de e-mails e biblioteca de cursos. Não era um acordo bilionário — mas para Nina, a oferta de US$180.000 à vista mais US$2.000 por mês durante um ano mudou sua vida. Era a chance de começar novos projetos, investir e respirar pela primeira vez em anos.

Ela aceitou.

Hoje, Nina atua como consultora para criadores digitais e ensina outros a replicar o que construiu. Ela não inventou uma ferramenta. Não levantou capital. Não criou um aplicativo. Ela criou valor — consistentemente, de forma autêntica e inteligente. E tratou seu conteúdo como uma propriedade. Ela cuidou dele. Melhorou. E quando chegou a hora, vendeu — como qualquer bom investidor faria.

A história de Nina prova que renda digital não é apenas sobre ganhar dinheiro agora. É sobre construir ativos que aumentam de valor — e eventualmente trabalham mais do que você.

Epílogo: A Nova Era dos Afiliados Digitais

Chegamos ao final deste livro, mas se você acompanhou com atenção, sabe que este não é realmente o fim — é um ponto de partida. Uma nova direção. Um novo caminho profissional para criadores, profissionais de marketing, freelancers e pessoas comuns ao redor do mundo que querem uma coisa: liberdade. O poder de vender ferramentas de IA como afiliado ou revendedor não está apenas na renda. Está na autonomia, flexibilidade e escalabilidade que esse modelo oferece — especialmente agora, quando a IA está crescendo mais rápido do que qualquer movimento tecnológico anterior.

O que torna este momento tão especial é a acessibilidade. Apenas cinco anos atrás, construir um negócio de software ou monetizar tecnologia exigia programação, capital e uma equipe de desenvolvimento. Hoje? Você pode criar conteúdo pelo celular, recomendar ferramentas que já usa e ganhar comissões no piloto automático. Você pode revender plataformas poderosas de IA com sua própria marca e construir um negócio digital com praticamente nenhum custo operacional. Você não precisa de permissão. Não precisa de diploma. Você só precisa de consistência e estratégia.

Este livro lhe deu os dois.

Se você está apenas começando no marketing de afiliados ou quer transformar seu SaaS white label em uma máquina de seis dígitos, os princípios que você aprendeu aqui são atemporais. Foque em resolver problemas reais. Escolha ferramentas que entreguem valor de verdade. Construa funis que guiem, não que pressionem para vender. Use conteúdo para educar e inspirar. E sempre pense no longo prazo: cada vídeo, e-mail e landing page é um pedaço de "imóvel digital" que trabalha para você — para sempre.

Os afiliados mais inteligentes neste mercado estão mudando sua identidade. Eles não são apenas influenciadores ou profissionais de marketing. Eles são curadores, educadores e donos de produtos. Eles combinam links de afiliados com templates, lead magnets e treinamentos digitais para aumentar conversões e multiplicar impacto. Eles começam com um único link e acabam criando uma marca que gera renda enquanto dormem. Esse é o modelo híbrido afiliado-revendedor — e é o futuro.

Mas aqui está o segredo que a maioria das pessoas perde: você não precisa ser o melhor em nada. Você só precisa ser claro, consistente e autêntico. As pessoas confiam em quem compartilha o que funciona. Elas estão procurando guias, não gurus. Isso significa que sua história, seu processo e seus desafios importam. Compartilhá-los não apenas constrói confiança, mas também cria lealdade — e no mundo dos negócios digitais, lealdade é o verdadeiro multiplicador.

Agora você está equipado com o sistema completo:

- Como funcionam os programas de afiliados e onde encontrá-los
- As melhores ferramentas de IA para promover agora
- Funis que convertem
- Conteúdo que atrai compradores
- Plataformas para escalar com SEO, YouTube e Instagram
- Automação de e-mail marketing
- Estratégias de revenda white label
- Anúncios pagos e parcerias para crescimento
- Planejamento de saída e monetização de longo prazo

Se você agir em apenas um capítulo, já estará à frente de 90% das pessoas que ainda estão esperando pela “ideia perfeita”. Se agir em todos eles, terá um negócio que cresce e se sustenta — movido por valor, automação e renda recorrente.

E se algum dia perder o ritmo, lembre-se disso: você não está aqui para correr atrás de tendências. Você está aqui para construir ativos. Ativos que ajudam pessoas, resolvem problemas e sustentam sua vida — onde quer que você esteja no mundo.

Então comece hoje. Grave seu primeiro tutorial. Escreva seu primeiro post no blog. Lance seu funil. Entre em contato com seu primeiro parceiro. Não será perfeito. Vai evoluir. Mas cada passo que você dá está construindo algo que não apenas paga você — mas liberta você.

Porque isso já não é apenas marketing de afiliados.

Isto é **propriedade digital na era da IA.**

www.ingramcontent.com/pod-product-compliance
Lightning Source LLC
LaVergne TN
LVHW010819051026
849532LV00007B/2571
9798295688119